トマス・アクィナスの知恵

トマス・アクィナスの知恵

稲垣良典

知泉書館

はじめに

　この書物は西洋中世の代表的な思想家,『神学大全』の著者として知られるトマス・アクィナスがめざし, そしてなしとげたのは何であったのかを, できるかぎり簡潔に, できることならわかり易く紹介しようとする試みです。私は大学を卒業した年の秋から数年間米国の大学院でトマス哲学を研究する機会を与えられたのですが, 最初に演習のために読んでおくべき文献の一つとして指定されたのがアゥグスティヌスの思想的伝記『アゥグスティヌスの知恵の探究』(Bourke, Augustine's Quest of Wisdom, 1945) でした。アゥグスティヌスの生涯を「知恵の探究」と表現したのは平凡なようで極めて適切だと感心したのですが, 内容も伝記的叙述と精神的・思想的発展の説明がバランスよく配置され, 学者的重厚さと読書の楽しみを兼ね備えた名著でした。その後, 著者バーク教授は私が研究課題として選んだトマスの習慣論(ハビトゥス)についての先駆的研究を公にされていることを知り, 面識を得ることになったのですが, そのバーク教授が長く待望されていた姉妹篇『アクィナスの知恵の探究』(Aquinas' Search for Wisdom, 1965) を前著の 20 年後に出版された時は早速入手して読みました。この著作も伝記的叙述と思想的発展の解説を手際よく交互に進行させる形をとっていますが, 何より感服したのはこの二人の知恵の探究の特徴を Quest と Search という二つの言葉で見事に言い当てているように感じた点でした。Quest がアゥグスティヌスを知恵の探究へと駆り立て

v

はじめに

てやまなかった真理のへの愛に焦点を合わせているのに対して，Search は秩序正しく事態の核心に迫り，その本質を照らし出すトマスの知恵の探究の明澄な光を強調するものと思われたのです。

　ここでかつて読んだ二つの書物に言及したのは，トマス・アクィナスの思想，と言うよりは知的探究の歩みを，彼が一貫してたどりつこうと試みた「知恵」，そしてそれを獲得し，所有するのではなく，むしろその美に貫かれ，その光の下にすべてを眺め，秩序づけたと言うべき「知恵」の観点から描き出す課題と取り組み始めて以来，アウグスティヌスとトマスとの比較がずっと気になり続けていたからです。

　「比較」という言葉を使いましたが，私が言おうとしたのは，一言で事柄の核心をつく鋭さと，心に沁み通っていのちを甦（よみがえ）らせてくれる愛の香りを兼ねそなえた「知恵の言葉」を探してこの二人の著作に近づく者はだれしも極端と言える程の大きな違いを感じるに違いない，ということです。私はそれほどアウグスティヌスの著作に親しんでいるとは言えないのですが，それこそ知恵の言葉と言えるアウグスティヌスの有名な言葉を次々と思い浮べることができます。それにくらべて，われわれがトマスの言葉として直ちに思いつくのは「さきに感覚のうちにあったのでないものは何ひとつ知性のうちにない」という類（たぐ）いの「スコラ哲学的公理」ではないでしょうか。ちなみに私が調べた限りではトマス的認識論の基本原則としてよく引用されてきたこの命題はトマスのどの著作にも見出されず，ボナヴェントゥラの著作でみつかったものです。

　しかし，これはわれわれが「スコラ哲学者トマス」という通念に惑わされているということで，彼には「神をより多く

はじめに

愛する者はより完全に神を見て，より幸いであるだろう[1]」という美しい言葉もありますし，「もし悪が存在するなら，神は存在する」という逆説の極みのような言葉は，「神が存在するなら，悪はどこからくるのか」というエピクロスの言葉を源泉として現代にまで至る無神論の大河を一撃で乾上(ひあ)がらせてしまう程の力強い知恵の言葉だと思います。とは言っても，アウグスティヌスと大きく違うのは，アウグスティヌスの知恵の言葉は深く味わおうとする者には限りなく豊かな意味を開き示してくれますし，特に予備知識がなくても誰の心にも直ちに響いてくるのに対して，トマスの言葉にふくまれている知恵を適切に受け止めるためにはかなりの準備が必要とされるということです。

このような違いは誰でも容易に見てとることができるもので，そのためアウグスティヌスとトマスの思想家としての仕事も著しく異なったものであったかのような印象が広まっているのではないかと思います。たしかにこの二人を通常の思想史 History of Ideas がとっているような観点から理解し，評価したならば違いが目立つかもしれません。しかし私はこの二人の生涯をかけての仕事が根本的に，そして一貫して関わっていたのは知恵の探究であり，そこには顕著な親近性があったことを見落としてはならないと思います。さらに，トマスの「哲学」を研究する人々は，トマス「哲学」を理解し，適切に解釈するためにはアリストテレス哲学の研究が必要であることを強調し，アウグスティヌスの哲学については「プラトン学派の教えの浸透を受けてきたアウグスティヌス」というトマスの評言に影響されて，「アリストテレス的」

---

[1] 『神学大全』I. 12. 6.

vii

はじめに

トマスとは対立的に解する場合が多いようです。たしかに認識理論とか政治哲学の分野などで明白な相違や対立点が見出されることは確かです。しかし哲学を「知恵の愛・探究」という本来の意味に解した場合，この二人は共通の道を選びとり，徹底的に追求していると私は確信しています。最近私は「トマスの存在論」と呼ぶべきものがあるとしたら，それはアウグスティヌスの自己認識から出発して存在そのものである神の認識に至る「精神の形而上学」を発展させ「存在(エッセ)の形而上学」という明確な理論に仕上げたものである，という解釈をいくつかの機会に発表しました。アリストテレスと結びつけられてきたトマスの「哲学」が，この後アウグスティヌスとの結びつきで研究されるようになるのを期待しています。

この書物で私が意図したのはトマスの著作の中からこれこそは知恵の言葉と思われるものを拾い集めて解説することではなく，彼が行った知恵の探究をふりかえって，今日われわれが「知恵」とか「常識」という言葉で漠然と思い描き，受け容れていることとは著しく異なっている点に注意を向けることです。神，創造，自己知と自己愛，幸福，自由などの主題は，どれをとってもトマスの考えていたことはわれわれには逆説と矛盾に満ちていて，到底理解することも，受け容れることもできないと思われるかもしれません。これをお前は「知恵」と呼ぶのか，と叱られそうです。しかし，それを中世の修道士・神学者という全く異質な「価値観」の持主の産物と片付けないで，人間として善く生きることをめざし，真実に「在る」と肯定できる実在の探究を徹底的に試みた「知恵を愛する者」の知的遺産として受け止めてくださいれば幸いです。

はじめに

　好むと好まざるとに関係なく，また東洋とか西洋という相違を超えて，私たちはデカルトやカントのような思想家によって明確な自覚へと齎された近代思想の影響の下で物事を考えざるをえない状況に置かれている，と私は思います。そのような私たちにとってトマスの思想を理解し難いものとする最大の（そしておそらく厳密には唯一の）障碍は，彼が人間理性による実在の探究を徹底的に進めるために（神的啓示，つまり神によって教示された真理に対する）信仰によって導かれる必要を認め，それを実践したことです。これはデカルトが避け，カントが拒否したことでした。私はここで信仰と理性の問題に立ち入ることはできませんが，只一つ指摘しておきたいのは，私たちの知的探究が物体的な事物の領域，言い換えると，昔から自然学 physica の対象とされてきた領域——現在，科学が研究領域としているもの——に限られている間は信仰が積極的に関わる余地はないのですが，ひとたび自己が探究の対象になると信仰の導きなしにはわれわれの探究は多くの誤謬にさらされ，行きづまってしまわざるをえない，ということです。そして，知恵の探究が自己認識の問題を除外することはありえない，むしろ自己認識は知恵の探究の鍵を握るとも言えるくらいですから，トマスが知恵の探究を徹底的に遂行するにあたって，信仰の導きに頼ったことは今日の私たちにも十分理解できることではないでしょうか。

目　次

はじめに………………………………………………………………ⅴ

Ⅰ　知恵の探求

1　探求の勧(すす)め（『対異教徒大全』I.2.1）………………………… 4
2　知恵の探求と幸福の追求（『神学大全』II-I.3.5）…………… 8
3　知恵の卓越性（『神学大全』II-I.66.5）……………………… 16
4　知恵の探求と信仰（『対異教徒大全』I.5）………………… 24

Ⅱ　神とは何か──知と不知

1　人間本性に植えつけられている神の認識（『神学大全』I.2.1.ad1）……………………………………………………………… 34
2　自然理性による神認識（『神学大全』I.12.12）……………… 38
3　不可知なる神（『ボエティウス・三位一体論註解』1.2.ad1,『福者ディオニシウス・神名論註解』7.4,『定期討論集・神の能力について』7.5.ad14）………………………………………… 43

Ⅲ　創造について

1　「創造」とは何か（『神学大全』I.45.3）……………………… 50
2　なぜ神は万物を創造したのか（『神学大全』I.32.1.ad3）‥ 55

Ⅳ　トマスと天使

1　天使は実在する（『神学大全』I. 50.1）……………………… 60
2　守護の天使（『神学大全』I. 113.2）………………………… 72

目　次

V　自己知と自己愛

1　自己認識について（『神学大全』I.87.1） …………… 78
2　愛徳(カリタス)としての自己愛（『神学大全』II-II.25.4） ………… 88
3　自己愛と神愛（A）（『任意討論集』I.4.3） ………… 95
4　自己愛と神愛（B）（『神学大全』II-II.26.3） ………… 100
5　自己愛と隣人愛（『神学大全』II-II. 26.4） ………… 105

VI　幸福について

1　人間の究極目的（『神学大全』II-I.1.7） ……………… 112
2　人間は幸福でありうるか（『神学大全』II-I.5.1; 5.3）
　　　………………………………………………………… 119
3　万人が幸福を欲するか（『神学大全』II-I.5.8） ……… 128

VII　人間の自由について

1　人間は自由であるか（『神学大全』I.83.1） ………… 134
2　悪を選択する自由（『真理について』XXII.6） ……… 144
3　意志と神（『神学大全』II-I.10.4） …………………… 149
4　恩寵と自由意思（『神学大全』II-I.113.3） …………… 154

VIII　トマスと政治

1　最善の政治形態（『神学大全』II-I.105.1） ………… 164
2　「人は人にとって友である」（『対異教徒大全』III.117）
　　　………………………………………………………… 170

IX　トマスのユーモア

1　真理と酒と帝王と女（『自由討論集』XII.14.1） …… 176

目　次

2　聖体の秘跡とねずみ（『神学大全』III.80.3.ad3）………… 184

あとがき……………………………………………………… 189
索　引………………………………………………………… 193

トマス・アクィナスの知恵

I

知恵の探求

1
探求の勧め

（『対異教徒大全』I, 2, 1）

「人々が行う全ての探求のなかで，知恵の探求は最も完全，最も崇高で最も有益，そして最も悦ばしい。

それが最も完全であるのは，人は知恵の探求に専念することですでに真実の幸福の或る部分を手に入れるからであり，ここからして知恵の教師は「知恵においてゆるがない者は幸い」（『シラ書』14. 22）と述べている。

それが最も崇高であるのはこの探求を通じて人は「万物を知恵において」創った（『詩編』103. 24）神への類似に何より近づくからであり，ところが類似は愛の原因であるから，知恵の探求はとりわけ人を神に友愛をもって結びつけるのである。このゆえに『知恵の書』7. 14 には，知恵は「人々にとって無限の宝であり，それを大事にする者は神の友に加えられる」と言われている。

最も有益であるのは知恵そのものを通じて不死の王国へたどりつくからである。というのも「知恵を願望することは永生の王国へと導く」（『知恵の書』6. 21）からである。

I 知恵の探求

最も悦ばしいのは「この探求とのつき合いは苦さをふくまず，それとの共生は何の倦怠もなく，歓喜と悦びがある」(『知恵の書』8.16) からである。」

Inter omnia vero hominum studia sapientiae studium est perfectius, sublimius, utilius et iucundius.

Perfectius quidem, quia inquantum homo sapientiae studium dat, intantum verae beatitudinis iam aliquam partem habet unde Sapiens dicit, *"Beatus vir qui in sapientia morabitur"*, Eccli. 14, 22.

Sublimius autem est quia per ipsum homo praecipue ad divinam similitudinem accedit, quae "omnia in sapientia fecit": unde, quia similitudo causa est dilectionis, sapientiae studium praecipue Deo per amicitiam coniungit; propter quod *Sap.* 7, 14 dicitur quod sapientia *"infinitus thesaurus est hominibus, quo qui usi sunt, facti sunt participes amicitiae Dei"*.

Utilius autem est quia per ipsam sapientiam ad immortalitatis regnum pervenitur: *"concupiscentia enim sapientiae deducet ad regnum perpetuum"*, *Sap.* 6, 21.

Iucundius autem est quia *"non habet amaritudinem conversatio illius nec taedium convictus illius, sed laetitiam et gaudium"*, *Sap.* 8, 16.

始めに，知恵の探求こそは人間のあらゆる探求の営みのなかで最も完全にして崇高，そして有益であって悦びに満ちた人間的営みであると宣言し，人間の真実の幸福へと導く道と

して知恵の探求を勧めているトマスの言葉を紹介したい。トマスはこの勧めの言葉に先立って、「(物事を)秩序づけるのが知恵あるものに属する」(sapientis est ordinare) というアリストテレスの言葉 (『形而上学』第1巻第2章) を手掛かりに知恵とは何であるかを問い、すべて、目的へと秩序づけられている物事をふさわしく秩序づけるための規準は目的から取ってこなければならないのであるから、知恵は何よりも第一に目的 (finis)、つまり中間的な善ではなく、最終的ないし究極の善に関わるものであることを指摘する。

この指摘は知恵の本質を正しく理解するために極めて重要であり、通常、人生の旅路でわれわれが出会う様々の難問、苦難、迷い、不安を解決してくれるものと考えられがちな知恵[1]は、むしろより根本的に人生という旅の目的地、つまり人間の究極目的を教えてくれるものなのである。他方、端的な意味での知恵は全宇宙の目的 (終極)――それは同時に第一の根源でもある――に関わり、すべて存在する事物の最高・第一の原因を考察する[2]とか、知識が時間的な事物の認識であるのにたいして知恵は永遠的な事物の認識である[3]、という説明を聞くと知恵は深遠な思弁哲学の研究に従事する人々だけの関心事のように思われてくる。しかし人間の究極目的への到達、つまり幸福に関心がない人間は一人も存在しないのであるから、究極目的、すなわち諸々の善いものの究極にある最高善あるいは善そのものを教えてくれる知恵の探求は決して余所事ではありえない。

---

1) 「知恵」という言葉は、実践的な知恵――「知慮」prudentia の意味で用いられることが多い。
2) アリストテレス『形而上学』第1巻第2章。
3) アウグスティヌス『三位一体論』第12巻第15章25節。

I　知恵の探求

　このような知恵と人間の究極目的との密接な結びつきは，ここで紹介している知恵の探求を勧める言葉においてもあきらかに認められる。知恵の探求が探求として最も完全である理由は，この探究そのものにおいて人間はすでに真実の幸福，すなわち最高善である究極目的を何程か手にするからだという指摘はそのことを明白に示している。また知恵の探求は人を神に友愛の絆をもって結びつけるがゆえに最も崇高である，という指摘も，神との友愛は神的な至福を神と共有することであり，幸福つまり究極目的への到達にほかならないから，やはり知恵の探求と究極目的との結びつきに触れているのである。さらに知恵の探求が最も有益であるのは，知恵は人間の精神を永遠なる事物へと開き，導き入れるのであるから，知恵をひたすら願望する者は永遠の生命へと導かれるからだ，という指摘についても同じことが言える。

　このように見てくると，アリストテレスが『形而上学』の冒頭で「すべての人間は，生まれつき，知ることを欲する」[4]と述べた人間の自然本性的な欲求に基づく知的探求は，われわれの間で極り文句になっている「好奇心の育成・発達」という無目的で空虚な性格なものに終始してはならない，というのがトマスの立場であったことがわかる。彼自身，神学者としての自らの仕事を，根本的に知恵の探求として理解していたのであり，それは何か巨大な知的建造物の構築をめざす営みではなく，人間の真実の究極的目的をめざして歩みを進める旅路と完全に重なり合うものであった。

---

4)　『形而上学』第1巻第1章 980a23。

2
知恵の探求と幸福の追求

(『神学大全』II-I, 3, 5)

　「幸福（至福）は実践的知性よりはむしろ観想的（思弁的）知性の働きに存すると言うべきである。このことは次の三つの理由からあきらかである。

　第一に，もし人間の幸福が働きであるのなら，それらは人間の最善の働きでなければならない。ところが人間の最善のはたらきとは（人間の）最高の能力が最善の対象に関して行う働きである。しかるに（人間の）最善の能力は知性であり，それの最善の対象は神的な善であるが，それは実践的知性の対象ではなく，観想的知性の対象である。したがって，（人間の）幸福はこのような働き，すなわち神的な事柄の観想に最高度に存するのである。そして，『ニコマコス倫理学』第九巻（1169a2）で言われているように「各々の人において最善であるところのものがその人（自身）であると思われる」のであるから，このような働きが人間にとって最高度に固有的であり，また最高度に喜ばしいのである。

　第二に，同じ結論が観想は最高度にそれ自身のゆえに探求されるものである，ということからしてあきら

I 知恵の探求

かとなる。ところが，実践的知性の働きはそれ自身のゆえに探求されるものではなく，何らかの行為を為すために探求される。しかるに，そうした諸々の行為は何らかの目的へと秩序づけられているのである。このようなわけで，究極目的は実践的知性に属するところの活動的な生に存するものではありえないことは明白である。

第三に，観想的な生においては人間はより上位の諸存在，すなわち神や天使たちと生を共有しており，それら諸存在と幸福を（共有することを）通じて類似する者たらしめられる，ということからして同じ結論があきらかにされる。しかるに活動的な生に属する事柄においては，他の諸動物も，不完全な仕方においてはあるが，人間と或る意味で生を共有しているのである。

それゆえに，来るべき生において期待される究極的で完全な幸福はその全体が主要的に観想に存する。これにたいして，ここ地上の生で取得されうるような不完全な幸福は，確かに第一にそして主要的には観想に存するのであるが，第二次的には人間的な諸々の行為（能動）と情念（受動）とを秩序づける実践的知性の働きに存するのであって，この点『ニコマコス倫理学』第十巻（1177a12; 1178a9）で述べられている通りである。」

Beatitudo magis consistit in operatione speculativi intellectus quam practici. Quod patet ex tribus.

9

Primo quidem, ex hoc quod, si beatitudo hominis est operatio, oportet quod sit optima operatio hominis. Optima autem operatio hominis est quae est optimae potentiae respectu optimi obiecti. Optima autem potentia est intellectus, cuius optimum obiectum est bonum divinum, quod quidem non est obiectum practici intellectus, sed speculativi. Unde in tali operatione, scilicet in contemplatione divinorum, maxime consistit beatitudo. Et quia *"unusquisque videtur esse id quod est optimum in eo"*, ut dicitur in IX *Ethic.*, ideo talis operatio est maxime propria homini, et maxime delectabilis.

Secundo apparet idem ex hoc quod contemplatio maxime quaeritur propter seipsam. Actus autem intellectus practici non quaeritur propter seipsum, sed propter actionem. Ipsae etiam actiones ordinantur ad aliquem finem. Unde manifestum est quod ultimus finis non potest consistere in vita activa, quae pertinet ad intellectum practicum.

Tertio idem apparet ex hoc quod in vita contemplativa homo communicat cum superioribus, scilicet cum Deo et Angelis, quibus per beatitudinem assimilatur. Sed in his quae pertinent ad vitam activam, etiam alia animalia cum homine aliqualiter communicant, licet imperfectae.

Et ideo ultima et perfecta beatitudo, quae expectatur in futura vita, tota consistit in contemplatione. Beatitudo autem imperfecta, qualis hic haberi potest, primo quidem

I　知恵の探求

et principaliter consistit in contemplatione, secundario vero in operatione practici intellectus ordinantis actiones et passiones humanas, ut dicitur in X *Ethic*.

　前節で知恵は何よりも根本的に人間の真実の目的を教えてくれるものであることを強調したが，それは言いかえると，知恵の探求はそのまま幸福の追求だ，ということであり，幸福とは知恵を取得した者が，知恵に従って生き，行為することだ，ということになる。そしてトマスによると「知恵」とは本来的に言ってすべての事柄を最高の原因まで遡って考察し，理解することを可能にする知的な徳[1]であり，この知的な徳によって人間は人間に可能な限りで最も完全な働きを為すことができるとされる。ところで，人間の最も完全な働きとは人間の最高の能力が最も完全な対象に関して行う働きであり，それは一言で言うと神的な事柄の観想（contemplatio）である。言いかえると，トマスによると知恵の探求がめざす人間の究極目的，真実の幸福とは観想にほかならない[2]。

　善いもの，つまり人間が人間として有する可能性を現実化

---

　1)　知的な徳とは「真なることを考察する，という知性の善い働きを為す技能」であり，この技能が善く行使されることを必ずしも保証しない限りにおいて，そのような行使をも保証する倫理的な徳から区別される。知的徳については『神学大全』II-I, 57 を参照。
　2)　人間の究極目的・幸福は人間本性の完全な実現である人間の最高の働きであって，それは神的で永遠な事柄の観想であり，最終的には神をその本質において，直接に見ることに存する，というトマスの立場については第 V 部で詳しく説明される。おそらく多くの人が余りに知的で「幸福」についてわれわれが抱くイメージからかけ離れていると感じるこの見解を理解するためには，人間の地上の生における労働 labor，仕事 work，余暇（休息）leisure の真実の意味について改めて考える必要がある。参照。ヨゼフ・ピーパー『余暇と祝祭』講談社学術文庫，1988 年。

するようなものを追求してやまない人間の意志を，それ以上欲求すべきものがないところまで完全に満たして安らぎを与える最高善——究極目的・幸福——とは神的な事柄の観想であるという見解は，ここでトマスが説明しているようにアリストテレスが『ニコマコス倫理学』で示しているものであることは広く知られている。しかし，哲学史の知識としてではなく，パーソナルな問題として，ここで・いま，私の心に「幸福」という言葉が呼び起こすのは神的な事柄の観想か，ということになると「そうだ」と答える人はむしろ稀なのではないか。

ここで注意しなければならないのは，アリストテレスやトマスが彼らの知恵の探求の結論として提示した「神的な事柄の観想」という幸福の定義と，大多数の人々の心に浮かぶ幸福の内容についての漠然とした想念との間の顕著な落差は，当然想定すべきものであって，けっして大多数の人々の「経験」ないし「常識」は当の定義を斥ける理由にはならないということである。われわれは，万人が幸福であることを願望しており，誰であれ自分が知らないものを願望することはないのだから，万人が幸福とは何であるかを知っている，と思い込みがちである。しかし，この思い込みには大きな落とし穴がひそんでおり，知恵の探求が必要なのはまずそのことに気付くためなのである。

実は幸福（究極目的および最高善についても同じことが言える）は二通りの仕方で考えられるのに，人々は通常この区別に気が付いていないか，無視している，というのがここで言う落とし穴である。幸福について考える二通りの仕方というのは（1）幸福というものの共通的な意味ないし本質側面に即してか，あるいは（2）そこにおいて幸福というものの

I 知恵の探求

本質側面が見出されるところのものに即してか,という二つである[3]。さきに幸福とは各人の意志を余すところなく満足させるもの,と述べたが,それは実は (1) つまり幸福の共通的な本質側面を指す。ところが,おそらくほとんどすべての人がそれと,(2) そのような幸福の本質側面が適合するところのものとを明確に区別しないで (2) も (1) にふくまれるかのように思い込んでいる,というのが「常識的」幸福感であると言えるのではないか。

この思い込みに禍いされてわれわれは万人が幸福感を願望し,幸福とはなんであるかを知っている,と信じて疑わないが,それは実は虚偽であって,実際のところ,(2) の意味での幸福は万人に知られているのではなく,したがって万人が幸福を願望していると無条件に言うことはできないのである。『神学大全』における幸福論が「万人が幸福を意志しているのではない」[4]というアンチクライマックス的な言明で閉じられていることは,「人間は自然本性的に幸福を意志している」[5]という根本的前提から出発するトマスの議論を丹念にたどってきた多くの読者を驚かせるが,ここでトマスは上に述べた区別にもとづく論理的結論を述べているに過ぎない。

意志の欲求を余すところなく満たしてくれるもの,という漠然とした,共通的な意味では万人が幸福を願望しているが,万人が幸福とは何であるかを明確に,つまり「そこに幸福が見出されているところのそのもの」に即して知っているのではないので,万人が幸福を願望していると無条件には言

---

3) 参照。『神学大全』II-I, 1, 75, 8.
4) 参照。同上, 5, 8.
5) 『神学大全』I, 82, 1; II-I, 10, 1.

えない。知恵の探求はまずこのことに気付くところから始まり，幸福とは私が恣意的に選びとる目標ではなく「人間の」幸福であり，「人間である」ことの究極の完成でなければならない，との見通しの下に進められる，というのがトマスの考えである。

ところで「人間である」ということは「人間本性」を意味することから，人間の幸福とは人間本性の究極の完成にほかならない。しかし，近代思想においては人間本性，そして一般に自然・本性は科学的に研究・解明されるべき事実ないし所与であって，それの完成（単に観察・計測される成長ではなく，何かであるという存在・本質のレベルにおける完成）について語ることは無意味であるから，そもそも「人間が自然本性的に意志する幸福」とか「人間本性の究極の完成としての幸福」について語ることができない，と言わざるをえない。言いかえると，近代思想は「存在」の意味を「ここに・いま在る」という事実的存在（ないしはそのような存在の措定）に限ってしまったことで，人間の幸福について明確に認識するための知恵の探求への道をとざしてしまった，というのが知恵の探求と幸福の追求に関するトマスのテクストから私が読みとった一つの結論である[6]。「人間の幸福は神的な事柄の観想である」というトマスの基本的立場は，「幸福になりたい」という現代人の願望，あるいは「幸福の追求はすべての人間の基本的権利である」という現代人の権利意識において前提されている「幸福」観とは著しく隔たっているように思われるが，この相違の根底には上に述べた「存在」観の

---

6) 拙著『トマス・アクィナス《存在》の形而上学』春秋社，2013 年，とくに第 1 章。

I　知恵の探求

変化があるのではないか。

3

知恵の卓越性

(『神学大全』II-I, 66, 5)

「徳の本質的な卓越性は対象にもとづいて考察される。ところで，知恵（の徳）の対象はすべての知的徳の対象の間にあって最高に卓越している。というのも，神であるところの最高の原因を考察するからであって，これは『形而上学』第一巻（981b28）で言われている通りである。そして，結果については原因にもとづいて判断が下され，下位の諸原因については上位の原因にもとづいて判断が下されるのであるから，知恵は他のすべての知的徳について判断を下すものであり，すべての知的徳を秩序づける役割を有し，いわば知恵はすべての知的徳との関連で棟梁的な徳であると言える。

知慮が人間的な事柄に関わるのに対して，知恵は最高の原因（＝神）に関わるのであるから知慮が知恵よりもより卓越したものであることは不可能である──『ニコマコス倫理学』第六巻（1141a21）に記されているように「全世界に存在するもののうちで人間

I 知恵の探求

が最も卓越しているといったことがない限り」[1]。このようなわけで、同じ書物において言われているように（1145a6）、知慮が知恵に命令することはないのであって、むしろその逆である。なぜかと言えば『コリント人への第一書翰』（2・15）で言われているように「（神の）霊の人はすべてのことについて判断を下すが、その人自身は誰からも判断を下されない」からである。というのも、知慮は知恵が考察の対象としている最高の事柄に立ち入るべきものではなく、むしろ知恵へと秩序づけられている事柄、つまり人間はいかにして知恵へとたどりつくべきかについて命令するのである。したがって、この点において知慮もしくは市民的徳は知恵の奉仕者である。というのも、門番が王に仕えるように、知恵のために道を準備して、知恵へと導き入れるからである。

　知慮がそれによって人が幸福へと到達するところの事柄を考察するのにたいして、知恵は最高に可知的であるところの、幸福の対象そのものを考察する。そして、もし自らの対象に関する知恵の考察が完全であったならば、知恵の働きのうちに完全な幸福が見出されたであろう。ところが、知恵が主要な対象、すなわち神に関して行う考察は現世においては不完全であるから、知恵の働きは来るべき幸福の発端もしくは分有と言うべきものである。このようなわけで、知恵は知慮

---

1) アリストテレスのこの言葉は注目に値する。彼はあきらかにこの世界には人間よりもより卓越した、より大いなる存在が見出されると考えていた。

よりも幸福にたいして，より近接的なものとして関係づけられているのである。

　「哲学者」（アリストテレス）が『魂について』第一巻（402a2）で述べているように，「或る知は，より高貴な対象に関わるものであるか，あるいは確実性のゆえに，他の知よりも優先される」。したがって，取り扱われる主題が善さや高貴さにおいて等しい場合には，より確実な知がより卓越した徳であることになろう。しかし，より高貴でより卓越した事柄についてのより不確実な知の方が，より下位の事柄についてのより確実な知よりも優先されるのである。ここからして，哲学者<small>アリストテレス</small>は『天体論』（291b27）において，たとえ脆弱で蓋然的な根拠にもとづくものであっても天上的事物について或ることを認識しうるのは卓越したことである，と述べている。また『動物部分論』第一巻（644b31）においても「より高貴な事柄について何か僅かなことを認識する方が，取るに足りぬ事物について多くのことを認識するよりもよりたのしい」と述べている。したがって，神を認識することに関わる知恵は，人間にとっては，そして何より現世の状態においては，いわばそれを所有すると言えるほど完全に到達することは不可能である。しかしながら，知恵を通じて神について取得されることの可能なそうした僅かな認識は，他のすべての認識よりも優先されるのである。」

Magnitudo virtutis secundum suam speciem,

I 知恵の探求

consideratur ex obiecto. Obiectum autem sapientiae praecellit inter obiecta omnium virtutum intellectualium, considerat enim causam altissimam, quae Deus est, ut dicitur in principio *Metaphys*. Et quia per causam iudicatur de effectu, et per causam superiorem de causis inferioribus; inde est quod sapientia habet iudicium de omnibus aliis virtutibus intellectualibus; et eius est ordinare omnes; et ipsa est quasi architectonica respectu omnium.

Ad primum ergo dicendum quod, cum prudentia sit circa res humanas, sapientia vero circa causam altissimam; impossibile est quod prudentia sit maior virtus quam sapientia, nisi, ut dicitur in VI *Ethic.*, *"maximum eorum quae sunt in mundo, esset homo"*. Unde dicendum est, sicut in eodem libro dicitur, quod prudentia non imperat ipsi sapientiae, sed potius e converso, *"quia spiritualis iudicat omnia, et ipse a nemine iudicatur"*, ut dicitur I *Ad Cor*. II. Non enim prudentia habet se intromittere de altissimis, quae considerat sapientia, sed imperat de his quae ordinantur ad sapientiam, scilicet quomodo homines debeant ad sapientiam pervenire. Unde in hoc est prudentia, seu politica, ministra sapientiae, introducit enim ad eam, praeparans ei viam, sicut ostiarius ad regem.

Ad secundum dicendum quod prudentia considerat ea quibus pervenitur ad felicitatem, sed sapientia considerat ipsum obiectum felicitatis, quod est altissimum intelligibile. Et si quidem esset perfecta consideratio sapientiae respectu sui obiecti, esset perfecta felicitas in actu sapientiae. Sed quia actus sapientiae in hac vita est imperfectus respectu principalis obiecti, quod est Deus; ideo actus sapientiae est quaedam inchoatio seu participatio futurae felicitatis. Et sic propinquius se habet ad felicitatem quam prudentia.

Ad tertium dicendum quod, sicut Philosophus dicit, in I *De Anima,* *"una notitia praefertur alteri aut ex eo quod est nobiliorum, aut propter certitudinem"*. Si igitur subiecta sint aequalia in bonitate et nobilitate, illa quae est certior, erit maior virtus. Sed illa quae est minus certa de altioribus et maioribus, praefertur ei quae est magis certa de inferioribus rebus. Unde philosophus dicit, in II *De Caelo,* quod magnum est de rebus caelestibus aliquid posse cognoscere etiam debili et topica ratione. Et in I *De Partibus Animal.,* dicit quod *"amabile est magis parvum aliquid cognoscere de rebus nobilioribus quam multa cognoscere de rebus ignobilioribus"*. Sapientia igitur ad quam pertinet Dei cognitio, homini, maxime in statu huius vitae, non potest perfecte advenire, ut sit quasi eius possessio; sed hoc solius Dei est, ut dicitur in I *Metaphys*. Sed tamen illa modica cognitio quae per sapientiam de Deo haberi potest, omni alii cognitioni praefertur.

I 知恵の探求

　一般に知恵と言えば単に何事かを知っていることではなく，物事を確定に判断し，理にかなった仕方で対処できるちからを指し，どの分野においてもそのようなちからを発揮して人々を指導し，統率できる人物が知恵ある者と呼ばれる。人々を，つまり集団あるいは共同体を指導し・統率するとは，その集団・共同体を秩序あるものとすることであり，トマスは屢々アリストテレスの「知恵ある者には秩序づけることが属する[2]」(sapientis est ordinare) という言葉で知恵とは何であるかをあきらかにする。

　ところで，物事を秩序づけるためには当の物事をよく知っていることが必要であり，よく知るためには原因を知ることが必要であるから，知恵ある者は自分が秩序づけるべき物事の最高の原因を知っていて，それにもとづいて秩序づける。そして諸々の原因のなかで第一の，そして最も根源的な原因は（トマスの立場では）目的因であるから，知恵ある者とは，すべての存在するものの最高にして第一の原因，すなわち万物の究極目的・最高善である神の考察にもとづいて，すべてを判断し，秩序づける者であり，そこに知恵の卓越性が認められる。

　知恵の卓越性をより厳密に言いあらわすために，トマスは「実践的知恵」とも呼ばれる知慮[3] (prudentia) と知恵を比較する。ここでわれわれを驚かせるのは，知恵は人間的な事柄の次元を超えて神的な事柄に関わるがゆえに，専ら人間的な事柄に関わる知慮よりも卓越していることの根拠として「全世界に存在するもののうちで人間が最も卓越しているといっ

---
　2) 『形而上学』第1巻第2章。
　3) 知慮について次を参照。『神学大全』II-I, 57, 4-6; II-II, 47-56.

たことがない限り」という『ニコマコス倫理学』の一節をトマスが引用していることである。私は『神学大全』のこの箇所を読んだ時の驚き，というより新鮮な衝撃をよく記憶している。アリストテレスにとっても人間が自らを存在するものの中心に据えるような見方は，問題として取り上げる価値すらなかったのだ，と強く印象づけられたのであった。

　知恵が最高の原因である神を考察するということは，知恵が考察の対象とするのは最高善であり，究極目的である人間の幸福自体に他ならぬ，ということである。これにたいして知慮が人間的事柄を考察するということは，知慮が関わるのは幸福自体ではなく，人間が幸福に到達するためにたどるべき道，選ぶべき手段であることを意味する。そしてこのことはトマスにとって知恵が知慮にたいして優位を占めることの明白な根拠であった。

　知恵の探求に関しておそらく多くの人の心に起こる疑念は，確かに知恵が考察する対象，最高の原因である神は，それ自体においては最も可知的かつ実在的であるかもしれないが，感覚から出発し，感覚が導いてくれるところを超えては確実な認識に到達することができない人間知性にとってはその輝かしさが妨げになるのではないか，というものであろう。この問題は次章で改めて取り上げるが，ここでトマスは人間知性が現世で為しうる神についての考察は不完全なものにとどまることを認めつつ，最高善という最も高貴で卓越した事柄についての認識は，たとえ不確実で僅かなものであっても，下位の事物についてのより確実でより多くの知よりも優先される，と述べている。

　これは現代人にとっては容易に受け容れ難い，というよりも，人間にとって自然本性的な「知る」ということについて

I　知恵の探求

の不条理で不可解な見方と映るかもしれない。私はここでこの問題の議論に立ち入ることは敢えて避けて、トマスが生涯をかけて探求した知恵とはどのようなものであったのか、それをあきらかにすることに努力を集中しようと思う。おそらく「知る」ということの意味が、トマスと今日のわれわれの通念とでは微妙に、しかし根源的に異なったものになっているのであろう。「知る」とは「在る」ものを「在る」と知ることであり、そうでなければいかに広く支持されている知識・情報であっても真理とは言えない。そして真なる知識でなければ、そもそも「知識」ではない。では「在る」とは何を意味するのか。実はこの問い自体が「在る」の意味を前提としており、「在る」という言葉はすべての言葉のうちで最も基本的で、われわれの思考の文法とも言えるものであるが、この言葉の理解をめぐってトマスとわれわれとの間には容易に超え難い断絶が見出される。そのことを念頭に置いてこの後トマスの知恵に近づいてゆくことにしよう。

4
知恵の探求と信仰

(『対異教徒大全』I, 5)

　「神の知恵は各々のものにたいしてそれの本性の在り方に応じて配慮するのであるから，理性が自力では十分に探求しえないようなことを人間に信ずべきこととして提示すべきではない，と或る人々にはもしかすると思われるかもしれない。それゆえ，理性を超える事柄も人間にたいして信ずべきこととして神によって提示されることが必要である，ということを論証しなければならない。

　というのは，前もって知っていることでなかったら，願望と熱意にかられて何ものかへ向かう，ということをする者は誰もいないからである。それゆえ，これに続く探究によって示されるように，「人間このか弱きもの」[1]が現世において経験しうるよりも，より崇高な善へと人間は神の摂理によって秩序づけられているのであるから，人間精神はわれわれの理性が現世において到達しうることよりも，より崇高な何ものかに向かって呼び起こされなければならなかったので

---

[1]　「人間このか弱き者」は直訳すれば「人間的な弱さ」humana fragilitas である。

I 知恵の探求

あった。それは，このようにして人間精神が何事かを願い求めることを学び，そして現世の状態の全てを超える何ものかへと熱意をもって向かうことのためであった。

ところで，このことはとりわけキリスト教的敬神（＝キリストの福音）にあてはまることであって，それは独特の仕方で霊的・永遠的な善を約束するのである。ここからしてこの敬神においては人間的感覚を超え出る多くのことが提示されている。これにたいして，現世的な約束をふくんでいた旧法においては人間理性の探究を超えるようなことは僅かしか提示されなかった。

さらに，哲学者たちにとっての関心事もこれと同じようなものだったのであり，それは人々を感覚の諸々の快楽から精神的な美へと導くために，そうした感覚的なものよりもより優れた他の善きものがあり，諸々の実践的もしくは観想的な徳の形成に専念する者たちはそれらの善きものを味わうことでより甘美な悦びを享受していることを示すことであった。

さらにまた，このような真理を人々に信ずべきこととして提示することは，神についてのより真実な認識を取得するために必要なのである。というのも，神はそもそも人間が神について思考しうるところのすべてを超え出ているのだ，とわれわれが信じるとき，そのときにのみわれわれは神を真実に認識するからであ

る[2]。それは,さきに(第3章)示されたように,神的実体は人間の自然的認識を超え出るものだからである。それゆえに,人間にたいして理性を超え出るような何らかの事柄が神について(信ずべきこととして)提示されるということによって,人間のうちに神は思考されうることを超えるような或るものなのだ,という見方が強化されるのである。

さらに,そこから別の有益な結果も出てくるものであり,それは誤謬の母である高慢が抑制されるという結果である。というのも,自分は自らの知性を尺度にして全実在を評価しうるのだと思いなす程に自分の才智を買いかぶる,つまり自分たちにそう思われることが真で,そう思われないことは偽なのだと思い込むような者共がいるからである。それゆえ,人間精神がこうした高慢から解放されて,真理の謙虚な探究へとたどりつくように,人間にたいして彼の理解を全く超え出るような何らかのことが神によって提示されることが必要だったのである。

さらにまた,哲学者(アリストテレス)が『ニコマコス倫理学』第十巻(117b31)において述べていることからもう一つの有益な結果が見てとられる。というのは,シモニデスという或る人物が,人々に「人間は人間のことを思い,死すべきものは死すべきもののことを思え」と言って,神的な認識をわきに置いて,人間的な事柄に才智

---

2) これは神の本質は不可知であることを強調してやまないトマスの最も明確な言明の一つである。

I　知恵の探求

を用いるべきだと説得したときに，哲学者(アリストテレス)は彼に反対して次のように述べているからである。「人間は可能な限りをつくして自らを不可死にして神的な物事へと引き寄せるべきである」。

　ここからしてアリストテレスは『動物部分論』第十一巻 (644b32) において「われわれが上位の諸実体について知るところは僅かであるが，その僅かなことはわれわれが低位の諸実体について有するすべての認識よりもより大いに愛され，願望されるのである」と述べている。また『天体・宇宙論』第二巻 (291b26) においても，もろもろの天上的物体に関する問題が〔たとえ〕僅かな，そして蓋然的解決であっても，解決されえたときには，聴講者は強烈な悦びを覚えるものである，と述べている。これらすべてのことからして，最も高貴な事柄については，いかに不完全な認識であっても魂に最大の完全性をもたらしてくれることは明らかである。

　したがって，人間理性は理性を超え出る事柄を十分に捉えることはできないが，もしもそれらの事柄を信仰によって何らかの仕方で把握したならば，自らにとって大いなる完全性を獲得することになるのである。

　このようなわけで，『集会書』(3. 25) には「人間理解を超える多くのことがあなたに示された」と記されている。また『コリント人への第一書翰』(2. 11) には「神の霊以外には神のことを知る者はいない」と

記され,「しかしわれわれには神がその霊によってあきらかに示してくださった」(2. 10) と記されている。」

Videtur autem quibusdam fortasse non debere homini ad credendum proponi illa quae ratio investigare non sufficit cum divina sapientia unicuique secundum modum suae naturae provideat. Et ideo demonstrandum est quod necessarium sit homini divinitus credenda proponi etiam illa quae rationem excedunt.

Nullus enim desiderio et studio in aliquid tendit nisi sit ei praecognitum. Quia ergo ad altius bonum quam experiri in praesenti vita possit humana fragilitas, homines per divinam providentiam ordinantur, ut in sequentibus investigabitur, oportuit mentem evocari in aliquid altius quam ratio nostra in praesenti possit pertingere, ut sic disceret aliquid desiderare, et studio tendere in aliquid quod totum statum praesentis vitae excedit.

Et hoc praecipue Christianae religioni competit, quae singulariter bona spiritualia et aeterna promittit: unde et in ea plurima humanum sensum excedentia proponuntur. Lex autem vetus, quae temporalia promissa habebat, pauca proposuit quae humanae rationis inquisitionem excederent.

Secundum etiam hunc modum philosophis cura fuit, ad hoc ut homines a sensibilium delectationibus ad honestatem perducerent, ostendere esse alia bona his sensibilibus potiora, quorum gustu multo suavius qui vacant activis vel contemplativis virtutibus delectantur.

Est etiam necessarium huiusmodi veritatem ad credendum hominibus proponi ad Dei cognitionem veriorem habendam. Tunc enim solum Deum vere cognoscimus quando ipsum esse credimus supra omne id quod de Deo cogitari ab homine possibile est: eo quod naturalem hominis cognitionem divina substantia excedit, ut supra ostensum est. Per hoc ergo quod homini de Deo aliqua proponuntur quae rationem excedunt, firmatur in homine opinio quod Deus sit aliquid supra id quod cogitare potest.

Alia etiam utilitas inde provenit, scilicet praesumptionis repressio, quae est mater erroris. Sunt enim quidam tantum de suo ingenio praesumentes ut totam rerum naturam se reputent suo intellectu posse metiri, aestimantes scilicet totum esse verum quod eis videtur et falsum quod eis non videtur. Ut ergo ab hac praesumptione humanus animus liberatus ad modestam inquisitionem veritatis perveniat, necessarium fuit homini proponi quaedam divinitus quae omnino intellectum eius excederent.

Apparet etiam alia utilitas ex dictis Philosophi in X *Ethicor*. Cum enim Simonides quidam homini praetermittendam divinam cognitionem persuaderet et humanis rebus ingenium applicandum, oportere inquiens humana sapere hominem et mortalia mortalem; contra eum Philosophus dicit quod *"homo debet se ad immortalia et divina trahere quantum potest"*.

Unde in XI De Animal. dicit, quod, *"quamvis parum sit quod de substantiis superioribus percipimus, tamen illud modicum est magis amatum et desideratum omni cognitione quam de substantiis inferioribus habemus"*. Dicit etiam in II *Cael. et Mund.* quod cum de corporibus caelestibus quaestiones possint solvi parva et topica solutione, contingit auditori ut vehemens sit gaudium eius. Ex quibus omnibus apparet quod de rebus nobilissimis quantumcumque imperfecta cognitio maximam perfectionem animae confert.

Et ideo, quamvis ea quae supra rationem sunt ratio humana plene capere non possit, tamen multum sibi perfectionis acquiritur si saltem ea qualitercumque teneat fide.

Et ideo dicitur *Eccli.* 3, 25: *plurima supra sensum hominis ostensa sunt tibi.* Et 1 *Cor.* 2, 11 *"quae sunt Dei nemo novit nisi spiritus Dei"*; *"nobis autem revelavit Deus per spiritum suum"*.

知恵の探求は有限な人間が，一挙に完全な真理に到達するのではなく，数多くの判断や推論——それらは常に誤謬の可能性にさらされている——を経て徐々に進めてゆくものであ

I　知恵の探求

る。そして，この探求は人間に固有の能力である理性によって進められているが，理性の・みによってではない，というのがトマスの基本的立場であった。知恵の対象である最高の原因（＝神）は最高善であり人間の究極目的に他ならないが，それは意志の欲求をあますところなく満たしてくれる完全な善，という共通的で一般的な意味に理解した場合には万人に知られており，また万人によって欲求されている。

　しかし，さきに（「2 知恵の探求と幸福の追求」）指摘したように，そのような共通的な意味では万人が完全な善としての幸福を追求しており，そこからして自分は幸福とは何であるか知っていると思い込んでいるが，厳密な意味での「人間の」幸福，すなわちそこにおいて完全な善という共通的な意味での幸福が見出されるところのもの——多くの人がそれは富，名誉，権力，あるいは，健康や心の平安だ，と考えている——は，知恵ある者のみによって知られるのである。しかもトマスの言葉をかりると，それは「人間・このか弱き者が現世において経験しうるものよりも，より崇高な善」なのである。

　したがって人間による知恵の探求が厳密な意味での人間の究極目的を認識するところまで確実に進められ，幸福の追求を適切に導くことができるためには，理性のみによっては把握できないどころか，近づくことすらできないような多くの事柄が，信ずべきこととして神によって提示されることが必要であった，というのが知恵の探求についてのトマスの基本的な考え方であった。ここでトマスが信仰を，人間の理性の弱さや欠陥を補って，神の完全な認識に到達することを可能にする魔法の階段のようにはけっして考えていないことに注意する必要がある。たしかに信仰はわれわれを神に結びつけ

31

るが，信仰は「神はそもそも人間が神について思考しうるところのすべてを超え出ている」ことをわれわれに自覚させ，われわれが神について無知であることを悟らせるのであって，その意味で信仰によってわれわれは「知られざるもの」たるがままの神に結ばれる，というのがトマスの立場であった[3]。言いかえると，信仰の光に強められ，導かれて人間理性が神について理解を深めることによって信仰が次第に知識によって置きかえられるのではなく，むしろ神についての無知の自覚はより強く徹底的になるのであり，信仰はより完全になる，というのがトマスの立場であった。

---

[3] 『神学大全』I, 12, 13.

II

神とは何か

──知と不知──

1
人間本性に植えつけられている神の認識

(『神学大全』I, 2, 1, ad1)

「或る一般的な仕方での,何らかの混乱を含む,神が存在するとの認識は,神が人間の幸福である限りにおいて,われわれに自然本性的に植えつけられている。というのは,人間は自然本性的に幸福を願望するものであって,人間によって自然本性的に願望されるところのものは人間によって自然本性的に認識されるからである。ただし,これは端的・無条件的に神が存在すると認識することではない。」

Cognoscere Deum esse in aliquo communi sub quadam confusione, est nobis naturaliter insertum, inquantum scilicet Deus est hominis beatitudo. Homo enim naturaliter desiderat beatitudinem, et quod naturaliter desideratur ab homine, naturaliter cognoscitur ab eodem. Sed hoc non est simpliciter cognoscere Deum esse.

トマスの考えでは幸福の追求は知恵の探求によって導かれるのでなければ,有効に進めることも,めざす目的に到達することもできないものであった。そして知恵の探求がめざすのは存在するものすべての最高の原因,神であるから,何よ

II　神とは何か

りも第一に、トマスは人間による神の認識についてどのように考えていたのかをあきらかにしなければならない。使徒パウロは『ローマ人への手紙』第1章第20節で「神についての目に見えない事柄、すなわち神の永遠の力と神性とは、世界の創造以来、被造物において理解されうることが認められている」と明言し、それゆえ「神を知りながらも、〔その神に〕神としての栄光を帰すことも感謝することも」しない不信心や不義の徒には弁明の余地がない、と厳しく叱責している。

では人間は、神によって造られたものを通じて、ということは人間理性によって認識されるものを通じて、自然的に神を認識できるのか、それとも人間理性は罪によって損なわれ、理性の光は弱くなってしまったので、神の恩寵である信仰の光に頼るのでなければ神を認識することはできないのか。もし理性によって或る程度までは認識できるが、信仰によって助けられ、完成される必要があるというのであれば、神の認識の問題をめぐる理性と信仰との関係はどのように理解すべきなのか。また、トマスは人間は神の「何であるか」については知りえないままにとどまるという「否定神学」的な言明を繰り返しているが、それと彼の「主知主義」と言われる哲学的傾向とはどう両立するのか。こうした問題をめぐって今日でもトマス研究者の間で異なった見解が見られる。

第一に注目したいのは、ここで引用した文章で、トマスはあたかも人間には「神」という生得的観念が植えつけられているかのような言い方をしていることである。言いかえると、万人が生まれながらに神の観念を持っているかのように聞こえる発言をしているのであるが、彼の真意はどのよう

に理解すべきであろうか。言うまでもなく，トマスは上の文において，神の実質的な定義（かりにそのようなものが在りうるとして）と言えるような神の観念を万人が生まれながらに持っている，と言おうとしているのではない。そうではなく，人間はすべて各人の意志を余すところなく満足させてくれる完全な善としての幸福を自然本性的に欲求しており，そのような完全な善は（すべての人間がそのことを理解しているのではないが）現実には善性そのもの（ipsa bonitas）であり最高善であるところの神においてのみ見出される限りにおいて，人間はすべて神が存在することを「一般的な何らかの混乱を含む仕方で」認識している，と言うのである。

これはたしかに曖昧な，謎めいた言い方であるが，それらは人間の漠然とした一般的な仕方での神の認識を忠実に言い表しており，しかもそれはすべての人間が自然本性的に神を認識していることの根源的な肯定である，と解することができる。すべての人間が完全な善としての幸福を自然本性的に欲求する者である限り，人間は未だ「知られざる神」[1]が存在することを根源的に認識している，というのである。

実を言うと，この根源的な肯定なしには，無神論的な思想や言説も含めて，およそ神についてのわれわれの思考や言明はまったく空虚で無意味なものとなってしまうのである。それはパウル・ティリッヒの言う，無神論者も含めてすべての人間の心の最も奥深いところに見出される「究極的関心」[2]（ultimate concern）にあたるもので，創り主である神は自らの存在(エッセ)を通じてすべての在るものの奥深くに現存し，知的存

---

1) 「知られざる神」という表現は『使徒行録』第17章第23節に出てくる。

2) Paul Tillich, *Systematic Theology*, U. of Chikago Press, 1967, p. 85.

Ⅱ 神とは何か

在(ペルソナ)であり,自己に立ち帰ることのできる人間はそれを何らかの仕方で自然本性的に知り,愛している,というトマスの根本的な人間観を表現するものなのである。

2
自然理性による神認識

(『神学大全』I, 12, 12)

　「われわれの自然的認識は感覚から始源(根源)を取得する。したがって，われわれの自然的認識は可感的な事物を通じて導かれうる限りにおいて自らを拡大することができる。ところが，可感的な事物によっては，われわれの知性は神の本質を見るところまでは到達することはできない。なぜなら，諸々の可感的な被造物は(神の結果ではあるが)原因たる神の力には合致していない結果だからである。それゆえに，可感的な事物の認識からは神の力の全体は認識できないのであり，その帰結として神の本質を見てとることもできない。しかし，それらは原因に依存する諸結果であるから，それらからしてわれわれは神について，神が存在すること，および神について，神は自らが生ぜしめたすべての結果を超え出るような万物の第一原因である限りにおいて，神に必然的に適合する事柄を認識するところまで導かれることが可能である。

　このようなわけで，われわれは神について，神の諸々の被造物に対する関わりを認識する。すなわち，神がそれらすべての原因であること，および被造物と

Ⅱ　神とは何か

神との差異，つまり神は神によって生ぜしめられたところの事物に属する或るものではないことを認識する。そしてこうした事柄が神から除去されるのは，神の欠陥のゆえにではなく，むしろ神のそれら被造物を超え出る卓越性のゆえにであることを認識する。」

　Naturalis nostra cognitio a sensu principium sumit. Unde tantum se nostra naturalis cognitio extendere potest in quantum manuduci potest per sensibilia. Ex sensibilibus autem non potest usque ad hoc intellectus noster pertingere, quod divinam essentiam videat; quia creaturae sensibiles sunt effectus Dei virtutem causae non adaequantes. Unde ex sensibilium cognitione non potest tota Dei virtus cognosci, et per consequens nec eius essentia videri. Sed quia sunt eius effectus a causa dependentes, ex eis in hoc perduci possumus, ut cognoscamus de Deo an est; et ut cognoscamus de ipso ea quae necesse est ei convenire secundum quod est prima omnium causa, excedens omnia sua causata.

　Unde cognoscimus de ipso habitudinem ipsius ad creaturas, quod scilicet omnium est causa; et differentiam creaturarum ab ipso, quod scilicet ipse non est aliquid eorum quae ab eo causantur; et quod haec non removentur ab eo propter eius defectum, sed quia superexcedit.

　このテクストは「われわれは自然理性（ratio naturalis）に

よって神をこの（地上の）生において認識することができるか」という問いに対するトマスの簡潔で要を得た解答である。トマスが「自然理性」と言うのは人間に固有の認識能力であり，事物をここに・いま（hic et nunc）という場所的・時間的限定を超えて端的に「在るもの」（ens）として捉えうる能力のことである。ここで何よりも見落としてはならないのは，トマスは「人間理性が神について探求することの可能な事柄」[1]についても人間は神的啓示によって教示される必要がある，と考えていたのであり，ここでもトマスはそのような考え方に基づいて論を進めている，ということである。

神的啓示によって教示されるのであればもはや「自然」理性とは言えないのではないか，という疑問が予想されるが，たとえば三位一体（三・一なる神）や受肉（人となった神）のような信仰の神秘は人間理性によってその認識に到達することはまったく不可能である。これに対して，神が万物の創り主であることは人間理性が被造物から出発して何らかの程度まで認識することが可能であり，そして神的啓示（信仰の光）によって教示されることで，認識はさらに先に進められ，完成されるのである[2]。

実は「一」なる神についての人間理性による認識は，ここで述べられているように，自然理性によって到達しうる認識であり，そのような自然理性によって到達される認識であるとの理由で「一」なる神に関する神学的探究は「自然神学」と呼ばれることがある。ここでは自然神学の問題，つまりトマスにおいて形而上学がギリシア哲学以来の慣用に従って

---

1) 『神学大全』I, 1, 1.
2) 同上，I, 32, 1.

II 神とは何か

「神学」と呼ばれていたこととは別に、彼が自然理性のみによって構築される「自然神学」なるものを認めていたかどうか、という問題には立ち入らない。明白なのは彼が現実に神学的探求を行うにあたって、神学と哲学、信仰と理性とを明確に区別したが、決してそれらを分離してはいなかった、と言う事実である。

トマスが『神学大全』において行っている「一」なる神についての考察、とくに神が存在することの論証に関わる第二の問題から始まって、神は何であるか（より正確には神は「何であらぬか」もしくは「如何なる仕方ではあらぬか」が探求される箇所（第三〜十一問題））を注意深く辿ることで上の事実を確認できる。何より印象的なのはトマスが「五つの道」と呼ぶ神の存在論証がいずれも「こうしたものを万人は神と呼んでいる」という言葉で結ばれているのに対して、神が「一」なることを論証した第十一問題では、「そしてこれが神である」という言葉で結ばれていることである。

この違いは、前者が被造物という結果から推論された限りでの原因としての神の認識であるのに対して、後者は神についての人間理性による探求が何らかの仕方で神の実体ないし本質そのものに到達していることを示している。そうでなければ、「これが神である」という端的で直接的な言明は不可能だからである。トマス自身、「一」なる神についての探求が神の実体ないし本質に到達していることを明確に肯定した[3]。トマスによると、「神は善である」という言明は、神が被造物における善の原因である、という認識の言明にとどまらない。この場合われわれが「善」を表示する仕方は被造物

---

3) 同上, I, 1, 6.

的善に対応するが，表示された完全性そのものは神の実体ないし本質としての善である，と彼は理解していた[4]。つまり「善」という名称で表示されているものは，神のうちに被造物においてよりもより卓越した仕方で先在しているのであって，神から被造物へと流れ入るものだ，というのである。

このように被造物という結果から原因としての神へという方向で進められていた「一」なる神の探求が，神においてより卓越した仕方で先在する完全性が被造物へと流入するという逆の方向ないし関係にもとづく考察へと変わったことは，被造物的な視点から出発した「一」なる神の探求が，「神の視点の下に」[5] (sub ratione Dei) 進められる本来の意味での神学的探求へと移行したことを示す，といえるであろう。こうした視点の転換は，人間理性が自らに固有の認識能力によって進めることのできる神の認識から，神の啓示に教示される──それは神の自己認識に信仰を通じて参与することである──ことによって可能となる神の認識への転換であって，上に引用したトマスの文章はそのことを明確に示している。トマスが人間理性による神認識について述べていることは，彼における知恵の探求は教える神の導きの下に進められたものであることを示す，と言えるであろう。

---

4) 同上，I, 13, 3.
5) 同上，I, 1, 7.

3
不可知なる神

(『ボエティウス・三位一体論註解』1, 2, ad 1
『福者ディオニシウス・神名論註解』7, 4
『定期討論集・神の能力について』7, 5, ad 14)

「われわれはわれわれの認識の終極において神をいわば知られざるものとして認識すると言われている。なぜなら（人間）精神は，神の本質は精神が途上の状態において把握しうるものすべてを超えていると認識するとき，まさにそのとき精神は認識において最高度に進歩したことが見出されるからである。したがって，神の『何であるか』は知られざるものにとどまるが『神が存在する』ことは知られるのである。──（したがって，われわれは）われわれの「無知」によっても神を認識するのであって，それは，われわれは神についてその「何であるか」を知らないのだと知っていること，まさにそのことが神を認識することである限りにおいてである。──そしてこのことのゆえに，神がそれであるところのもの，それはわれわれが神について理解していることのすべてを超えていると認識する限りにおいて，自分は神を知らないと悟ること，それが神についての人間的認識の究極である。」

トマス・アクィナスの知恵

　Dicimur in fine nostrae cognitionis Deum tamquam ignotum cognoscere, quia tunc maxime mens in cognitione profecisse invenitur, quando cognoscit eius essentiam esse supra omne quod apprehendere potest in statu viae, et sic quamvis maneat ignotum quid est, scitur tamen quia est.　——Et iterum cognoscitur per ignorantiam nostram, inquantum scilicet hoc ipsum est Deum cognoscere, quod nos scimus nos ignorare de Deo quid est.——Et propter hoc illud est ultimum cognitionis humanae de Deo quod sciat se Deum nescire, in quantum cognoscit, illud quod Deus est, omne ipsum quod de eo intelligimus, excedere.

　上に引用したトマスの「否定神学」あるいは「不可知論」的な立場を示す三つの短い文は，決して例外ではない。人間精神は神の「何であるか」については全く無知であることを明言するテクストはトマスの著作の多くの箇所に見出される。彼は一方では，人間は完全な善である幸福を自然本性的に追求するものである限り，神が存在するという認識は人間本性に植えつけられている，と明言しながら，他方では神の「何であるか」についてはこれ以上の極端な言い方はないと思わせるような徹底した「不可知論」を主張している。あたかも，人間は何であるかがまったく知られてない何ものかの存在を生まれながらに知っている，という逆説的で，不条理とも思える主張をトマスは一貫して繰り返しているかのようである。

　しかし実はこのような不条理あるいは自己矛盾とも思える

Ⅱ　神とは何か

　トマスの言明は，彼が生涯をかけて行った神学的探求，つまり知恵の探求の根本的特徴を理解するための鍵なのである。万物の第一根源であり，究極目的である神が存在するという認識は，自然本性的に（神によって）人間精神に植えつけられている。それはアウグスティヌスの有名な言葉をかりると「あなた（神）は私たちをあなた（神）へ向けてお造りになった」[1]ということである。言いかえると，人間精神は自然本性的に神を知り，愛し「神のうちに憩うまで安らぎを得ることができない」[2]ように創造されている。ところがわれわれが，このように自らが直接に，最も親密な仕方で結びついているはずの神についてよりよく知ろうと試みると，つまり神が存在することだけでなく，「何であるか」を知ろうとすると，それは極めて困難であるばかりか，この地上の生では不可能であることが判明する。さきの自己矛盾とも思えるトマスの言明は，人間精神が直面しているこのような苦境を正確に言いあてているのである。

　ここでトマスが指摘している自己矛盾とも言える人間精神の苦境は，カントが『純粋理性批判』第一版序文の冒頭で触れている「人間理性の特別な運命」に相通じるところがある。カントによると，人間理性は理性そのものの本性によって課せられているがゆえに斥けることができず，しかも人間理性のあらゆる能力を超えるがゆえに答えることのできないような問いに悩まされている。答えることができない問いを問わざるをえないという状態は一種の自己矛盾であろう。カントが選びとった解決は，このような問いに悩まされること

---

1) 『告白』第 1 章第 1 節。
2) 同上。

は理性が知識の固有な領域を超えて信仰の領域を侵した越権の帰結であるとして,「信仰を容れる場所を得るために知識を除く」[3],つまり人間理性による理論的認識の領域を,信仰から切り離して,経験にもとづいて理性が自らの能力で理解しうる限界内にとどめることであった。この解決は人間理性がその本性からして必然的に抱え込んでいるかに見える自己矛盾的な苦境は,理性の越権によって生み出された偽問題であるという解釈にもとづくものであり,問題の解決であるよりはむしろ問題そのものの解消——回避とまでは言わないとしても——であった。

これに対して,理性と信仰を明確に区別し,信仰の神秘を自然理性によって論証しようと試みる者やそのような論証に成功したと称する者は重大な仕方で信仰を損なっている[4],と明言したトマスは,現実の神学的探求において理性と信仰を分離することはなかった。理性が越権によって信仰の領域を侵すことはあっても,それは誤謬にもとづくものなので,信仰の領域を確保するために知識(理性)を——その限りで信仰と理性とを——分離する必要はまったくなかったのである。

むしろトマスによると,理性は信仰の光を頼りに探求を進めることによって,理性に固有の能力のみによっては不可能な神についての認識に到達することができるのであって,さきに触れた人間は「何であるか」をまったく知りえない神の存在を自然本性的に知っている,という自己矛盾的な状態も,信仰の光の下で,その意味が理解され,解決不可能な矛

---

3) 『純粋理性批判』第 2 版序文。
4) 『神学大全』I, 32, 1.

Ⅱ 神とは何か

盾ではないことがあきらかにされたのである。「神の存在を自然本性的に知っている」とは神との親密な結びつきの徴しであり,神の「何であるか」についてのまったくの無知は神からの無限の隔たりを示している限り,人間は一種の自己矛盾を抱え込んでいると言える。しかし,この問題は「われわれの救いのために神は人間と成り給うた」[5]という受肉の神秘を信じ,この信仰を理解することを通じて根本的に解釈される,というのがトマスの見解であった。トマスによると,神が人間と成り給うたのは自らを最高の仕方で与えつくす[6],すなわち自らの永遠の生命を人間と共有するためであり,端的に言えば「人間が神に成る」[7]ためであった。神との親密な結びつきを自然本性的に欲求しつつ,神から無限に隔てられている,という苦境から人間を救うために,神は人間と成り給うたのである。したがって神が「何であるか」についての無知はもはや神を人間から無限に隔てる障碍ではない。われわれに残されている課題は「人間である限り,われわれにとって神へと向かう道であるキリスト」[8]に従って,神を「顔と顔を合わせて見る」[9](それは神の「何であるか」を認識することである)幸福をめざして歩いてゆくことだ,というのがトマスの根本的立場であった。

---

5) 同上, Ⅲ, 序言。
6) 同上, Ⅲ, 1, 1.
7) 同上, Ⅲ, 1,2. 引用はアウグスティヌス『説教』128。
8) 『神学大全』Ⅰ, 2 序言。
9) 『コリント人への第 1 書翰』13, 12.

III

創造について

1
「創造」とは何か

(『神学大全』I, 45, 3)

「創造とは被造物の、自らの存在の根源としての創造主への何らかの関係にほかならない。」

Creatio in creatura non est nisi relatio quaedam ad creatorem, ut ad principium sui esse.

「創造」というテーマは「知恵」の探究とどういう関わりがあるのか。これまで知恵の探求は幸福の追求と表裏一体であり、人間が「善く生きる」ために不可欠である、というトマスの考え方を強調してきた。ところで、聖書の冒頭に「初めに、神は天地を創造された」と記されているのだから、「創造」とはこの宇宙の想像を絶する広大さ、その宇宙がこれまでに経過したこれまた気が遠くなるほどの長い時間、それらは一体どのように存在し始めたのかについての説明であろう。それは確かに誰でもが知りたいことであろうが、そのこと自体は「善く生きる」ことと、さらには知恵の探求とどんな関係があるのか。

この疑問に対する答えは、トマスにとって「創造」とは天と地、つまりこの世界はどのようにして始まったかを説明する宇宙論的な「創造」概念とはまったく次元を異にするもの

Ⅲ 創造について

だった，ということである。聖書冒頭のあの言葉の重点は，われわれがともすれば存在するものの全体と思い込みがちな天と地は，実は創造されたもの，つまり，存在を与えられたものであることの確認であり，およそ存在するものは——われわれ自身もふくめて——それ自体としては虚無であって，すべての在るものの「存在」の根源である創造主との何らかの関係においてのみ存在しているのだ，という宣言である。そして引用されたトマスの言葉が言い表しているのはそのことにほかならない。

言いかえると，創造という考え方を受けいれること，創造主である神を信じることは，われわれ自身をふくめて何かが「存在する」ということを，単に何かが「ここに・いま」在るという事実，あるいは何かが「見える」「手ごたえがある」という知覚に還元してしまうのではなく，そこに「神秘」という言葉がふさわしいような深く，そして豊かな意味を感じとるということである。このように存在を時間・空間に限定された単なる事実，あるいは知覚に基づく内容空虚な「在る」という定立と同一視するのではなく，神秘としての存在に目覚めること——それが創造を肯定することなのであるが——は，いわば「存在」観の根元的な転回であり，まさしく「知恵の始まり」である。

なぜなら，上に述べたように，創造という考え方を受けいれることは，すべての在るものをそれらの存在の第一根源に基づいて理解すること，つまりすべてを第一原因である神の観点から認識しようとすることであって，それこそ知恵の探求にほかならないからである。おそらくトマスがその中で生き，活動したキリスト教社会 respublica christiana においては創造という考え方は広く受けいれられていた。しかし，創

造についてわれわれが自然的理性によって確実に知りうるのはどこまでか、神が「無から」万物を創造した、と言われるときの神の業(わざ)としての創造は何を意味するのか、という問題、あるいはむしろ「存在の神秘」について徹底的な探求を行った者は稀であった。しかもトマスが創造をめぐる徹底的な知恵の探求を通じて形成した「存在(エッセ)」の形而上学は、形而上学の歴史における革命[1]と呼ぶに値するものでありながら、同時代人の間では孤立し、非難にさらされることが多かったのである。

ここでトマスの言葉にもどると、「創造とは関係である」という見解は、神の創造という働きそのものを考察するのではなく、われわれが神についての知的探求をそこから出発させるこの世界の事物、つまり神の創造の働きの結果である被造物を考察することによって到達されたものである。言いかえると、われわれが自然的理性によって認識できる創造とは「能動」と「受動」あるいは「造る」と「造られる」ということからすべての運動・変化を取り去った後に残る、被造物における創造主への何らかの関係のみだ、というのがトマスの一貫した見解であった。

トマスは「何らかの特殊な能動原因による何らかの特殊な在るものの流出」ではなく、すべての特殊的な限定を超え出る「神である全き原因による在るもの全体の流出[2]」という創造の定義から出発した。そして自然的理性による創造の認識の鍵を握るのは、古代ギリシア哲学以来の課題であっ

---

1) この表現は著名な中世哲学史家 A・マウラーが用いたものである。参照。トマス・アクィナス『在るものと本質について』知泉書館、2012年、「解説」18 ページ。

2) 『神学大全』I, 45, 1.

Ⅲ　創造について

た「在るもの全体」すなわち「在るものである限りでの在るもの」の認識であると考えて，さきに触れた「存在(エッセ)」の形而上学を，アウグスティヌスの自己認識から出発する「存在そのもの」の探求を基本的に継承しつつ，アリストテレス哲学や新プラトン哲学の徹底的な研究を通じて仕上げたのであった。

　しかし，トマスによると自然的理性が創造について認識しうるのは，被造物において見出される限りでの第一原因による創造的因果性の結果のみであり，それは繰り返し述べたように「関係としての創造」であった。言いかえると，自然理性に基づいて「無からの」創造について語る場合，そこで主張されているのは運動・変化の要素の全面的排除という否定のみであって，「無から」創造された世界が時間的な「始まり」を有するか否かは自然的理性によっては論証できない[3]，という見解をトマスは堅持したのである。

　では，トマスはなぜ創造について人間理性によって知りうることの限界をそれ程まで強調したのか。それは彼の創造論が何よりめざしたのは，この後の説明からあきらかになるように，すべての在るものは「神によって創造された」，とわれわれが言うときの神の創造の働きそのものを確実に認識することであったからである。ところが，創造は神のみが為しうる働きであり，それを認識することは神の本質について認識することと同じである――なぜなら，最高に一である神においては働き，および能力は本質ないし実体と同一であるから。そして人間理性が神の働きの結果である被造物から出発

---

　3) 同上，I, 46, 2. 言い換えると「信仰のみによって」sola fide 把持されることである。

して神について認識しうるのは，神が存在することのみであって，神が「何であるか」についてはまったく無知なままにとどまるからである。したがって，トマスが彼の創造論の重点を神の働きとしての創造に置いたのは，つきつめたところ，彼の探求は何よりも創造主である神自身に向けられている，ということを示すものであった。

これによってこの章の冒頭の問いに対する解答も十分にあきらかであろう。今日われわれの間で広まっている「創造」の観念はこの世界の始まりに関する宇宙論的(コスモロギー)なものであり，極論すればパスカルが「デカルトを許すことができない」理由として挙げた「世界に運動を与えるために，神に最初のひと弾(はじ)きをさせる[4]」という意味での「創造」である。これに対して，トマスの創造論は「在るもの全体」を適切に捉えることを可能にするような「存在(エッセ)」の形而上学を確立した点でも注目に値するが，彼が何よりもめざしたのは神の創造の働きそのもの，あるいはむしろ創造主なる神についての認識を，信仰の光の下に可能な限りおし進めることであり，その意味でトマスの創造論はまさしく知恵の探求であった。

---

4) パスカル『パンセ』77。

2
なぜ神は万物を創造したのか

(『神学大全』I, 32, 1, ad 3)

　「神が諸々の被造物を造り出したのは何らかの必要にせまられてでもなくまた自己以外の原因のゆえにでもなく，むしろ自己の善性の愛のゆえにであった。」
　Deus non propter aliquam indigentiam creaturas produxit, neque propter aliquam aliam causam extrinsecam; sed propter amorem suae bonitatis.

　トマスはこの言葉に先立って，神による諸々の事物の創造についてわれわれが直(ただ)しく理解するためには三位一体についての認識が必要であることを指摘している。人々が創造について様々の誤りに陥るのは創造主なる神に関する曖昧で不確かな認識のためであり，神の働きである創造を直(ただ)しく認識するためには，神が自らの「何であるか」を親しく教示した唯一なる神における三つのペルソナの区別をよりどころにしなければならない，というのである。
　この指摘は極めて重要なものと受けとめるべきであろう。われわれは「創造」といえば虚無から在るもの全体を，いわば無限の隔たりを一挙に越えて産出する巨大なちから，あるいはエネルギーのようなものを想像するのではないか。しか

55

し神に固有の働きである創造は，創造主である神の本性そのものに適合する仕方で為されるはずであるから，創造について直しい見方をするためには，（人間に可能な限りで）神の本性あるいは本質について認識することが不可欠なはずである。そしてそれが神はなぜ創造したのかを知ることにほかならない。なぜなら神の働きの場合，神自身の外に原因とか理由はありえないからである。

このように見えてくると「神が創造したのは自らの善性の愛のゆえにであった」という言明に含まれている深い意味があきらかになってくる。「初めに，神は天地を創造された」——ではなぜ神は創造されたのか。トマスによると神が諸々の事物の原因であるのは自らの知性と意志によってであり[1]，そして神の知性と意志はそれぞれ言（ことば）および愛と呼ばれるペルソナに当るのであるから，神は自らの言（ことば）（知恵）と愛によって万物を創造された[2]ことがまずあきらかになる。他方トマスは，存在（エッセ）そのものを自らの本質とする神が自らの本性にふさわしい仕方で働きを為す，というときの本性そのものとは，最高の仕方で自己を被造物に伝える善性である，と明言している[3]。したがって，トマスは神の働きとしての創造は（同じく神の業である受肉と同じく）神の本性そのものである善性に適合するものであることを強調するために「自らの善性の愛のゆえに」という言い方を選んだ，と結論することができるであろう。

神の創造の働きは神の本性そのものである善性に基づくものと理解すべきだ，というトマスの指摘は彼の創造論の核心

---

1) 『神学大全』I, 14, 8; 19, 4.
2) 同上，I, 45, 6, 7, ad 3.
3) 同上，III, 1, 1.

Ⅲ 創造について

的洞察であり，それは同時に彼の存在論の基本的原理でもあったことは確かである。アウグスティヌスは彼の著作のなかで「神が善い御方であるからわれわれは存在する[4]」という言葉を繰り返しており，神は最高善であり，善そのものであることからして，すべての在るものの第一根源であることを強調する。神的創造の働きは神の善性の愛に基づくというトマス創造論の基本的理解はこのようなアウグスティヌスの創造論の伝統の中で形成されたと言えるであろう。さらに「すべての在るものは在るものである限りにおいて善い[5]」というトマス存在論の基本的命題も，すべての在るものは，存在そのものである神の善性のゆえに存在を有する，という彼の創造論の中核とも言える洞察に基づくものであり，それを視野に入れることによって始めて説得的なものになると言える。

われわれが諸々の悪の原因ないし源泉を追求してそれらの究極に見出すのは根元悪ではなくて虚無であり[6]，悪とは根本的に善の欠如なのだ，というトマスの見解は，哲学者たちによっても容易に理解されず，悪の現実からの逃避と見なされることが多い。この問題にここで立ち入ることは控えるが，トマスの真意が理解されないのは彼の「悪」理解の基礎

---

[4] 『キリスト教の教え』I, 32, 35, 『告白』XIII, ii, 2「まことに，あなたの被造物が存立を保ちうるのは，みちあふれるあなたの善性のおかげです」(山田晶訳)，『詩編註解』134, 6.

[5] 『神学大全』I, 5, 3; 139, 3; 4, II-I, 18, 1.

[6] 同上，I, 49, 1, 1, ad 3; II-II, 75, 1, ad 3, 『定期討論集 悪について』I, 3. なお人間が為す悪の究極に見出されるのは在るべき善の欠如というより，むしろ単なる不在であり，虚無である，という見解はアウグスティヌスの初期の著作『ソリロクィア』および『自由意志論』にも見出されるが，代表的な箇所として次を参照。『神の国』XII. 7.

となっている「すべての在るものは創造主である神の善性のゆえに存在を有する」という創造論が視野に入っていないからだ、という肝心な点だけは強調しておきたい。

ここであらためて現代のわれわれが創造について考えることの意味が問題として浮かび上がってくる。トマスが創造について哲学的に、また神学的に、他に例を見ないほど熱心に、また精妙な探求を行ったことの意味については既に述べ、それが彼の知恵の探求において重要な位置を占めることも指摘した。ではわれわれにとってはどうか。さきに、すべての在るもの、とりわけわれわれ自身が創造主によって存在を与えられるという「関係」によってのみ虚無への転落を免れている、という人間存在の根本的状況への直面、それが創造という考え方を受け入れることだ、と指摘した。

これは確かにわれわれの「存在」観の根元的な転回であるが、「関係」としての創造から、三・一なる神についての神的啓示に導かれて神の創造の働きそのものについて探求を進めることによって、トマスの「存在」観は「すべての在るものは——善性そのものである神によって存在を与えられていることのゆえに——在るものである限りにおいて善い」という「存在」そのものの根元的な肯定へとさらに進展した。私はこのような「存在」の根元的な肯定の真実の意味を理解すること、またその真理を自らの生き方を通じて証示することが容易だとは思わない。しかし、存在そのことを善しとして根元的に肯定することのみが、他の人格をまさしく人格として愛し、様々な不安と苦難に襲われざるをえないこの世界において希望をもって生きることを可能にするのであるならば、創造についての探求を可能な限り遂行することによってこの根元的肯定への道を探るべきではないであろうか。

IV

トマスと天使

1
天使は実在する

(『神学大全』I. 50. 1)

　「(聖書において『天使』と呼ばれる) 何らかの非物体的被造物が存在すると必然的に主張しなければならない。というのも，神が被造物において主要的に意図するのは被造物が神に似たものになる，という善だからである。ところが，結果が原因に完全に似たものになるのは，熱いものが熱いものを生ぜしめるように，原因がそれによって結果を造り出すところのものに即して，結果が原因を模倣するときである。ところでさきに述べたように[1]，神は被造物を知性と意志によって造り出す。したがって，(結果である) 宇宙の完全性のためには何らかの知性的被造物の存在することが必要とされる。ところが，知性的認識とは物体や何らかの物体的なちからの働きではありえない。なぜなら，すべての物体は『ここに・今』という限定の下にあるからである。したがって宇宙が完全なものであるためには何らかの非物体的被造物が存在すると必然的に主張しなければならない。

---

　[1] 『神学大全』I, 14, 1; 19, 4.

Ⅳ　トマスと天使

ところが，知性的認識のちからに無知で，感覚と知性とを区別することを知らなかった昔の哲学者たちは，感覚と想像力によって捉えうるもの以外は何も世界には無いと思いなした。そして想像力によって捉えられるのは物体のみであるから，哲学者(アリストテレス)が『自然学』第四巻（213a29）で述べているように，物体以外には何も存在するものはない，と思いなした。霊は存在しないと主張したサドカイ派の誤謬[2]もこうした見方から出てきたものである。しかし，知性は感覚よりも高次（の認識能力）であるということ自体が，知性によってのみ把握されうる何らかの事物が存在することを条理にかなった仕方で明示しているのである。」

Necesse est ponere aliquas creaturas incorporeas (in Scriptura Sacra angelus nominatur). Id enim quod praecipue in rebus creatis Deus intendit est bonum, quod consistit in assimilatione ad Deum. Perfecta autem assimilatio effectus ad causam attenditur, quando effectus imitatur causam secundum illud per quod causa producit effectum; sicut calidum facit calidum. Deus autem creaturam producit per intellectum et voluntatem, ut supra dictum est. Unde ad perfectionem universi requiritur quod sint aliquae creaturae intellectuales. Intelligere autem non potest esse actus corporis, nec alicuius virtutis corporeae: quia omne corpus determinatur ad hic et nunc. Unde necesse est ponere,

---

[2] 『使徒行録』23.8.

ad hoc quod universum sit perfectum, quod sit aliqua incorporea creatura.

Antiqui autem, ignorantes vim intelligendi, et non distinguentes inter sensum et intellectum, nihil esse existimaverunt in mundo, nisi quod sensu et imaginatione apprehendi potest. Et quia sub imaginatione non cadit nisi corpus, existimaverunt quod nullum ens esset nisi corpus; ut Philosophus dicit in Physic. Et ex his processit Sadducaeorum error, dicentium non esse spiritum. Sed hoc ipsum quod intellectus est altior sensu, rationabiliter ostendit esse aliquas res incorporeas, a solo intellectu comprehensibiles.

1. トマスが行った知恵の探求と天使との間にどんな関係があるかについて述べる前に、トマス全集の代表的な版であるレオニナ版が「天使的博士トマス・アクィナス」Thomas Aquinas Doctor Angelicus という称号を用い、カトリック教会の公文書でもこの称号が一般化しているほど、トマスと天使とを親密に結びつける慣習があることについて一言しておきたい。1323年教皇ヨハネス22世によってトマスが列聖された時に用いられたのは「共同博士」Doctor Communis、つまり「われわれ皆の教師」を意味する称号で、これはトマスと同時代の伝記著者（ルッカのトロメウス）によるとトマスがパリ大学で教えていた頃すでに用いられていた。「天使的博士」の称号を初めて用いたのは、著名なトマス学者マンドネ（P. Mandonnet, "Les titres doctoraux de saint Thomas

Ⅳ　トマスと天使

d'Aquin" *Revue Thomiste* 17（1909）597-608）によるとフィレンツェ大司教でドミニコ会総長として功績のあった聖アントニヌス（1389-1459）であった。

　「天使的博士」という称号の由来については様々な説があるが，「天使的」と呼ばれる主な理由は次の三つであると言えよう。第一にトマスの最後の告解を聴いた僚友レギナルドゥスが「5歳の童子トマス修道士を見た」と証言したことに示されている終生の天使的な純潔さが挙げられる。第二はトマスが著作のなかでくりかえし指摘した知的認識の人間的様式に固有の限界や欠陥を，トマス自身は克服して，ほとんど天使の域に達しているかのような卓越した知性の働きを示したがゆえに。第三に極めて明快で包括的な天使論を完成したことのゆえに，である[3]。

　ここで見落としてはならないのは——そして多くの場合そのことは見落とされているように思われるのであるが——上に挙げた三つの理由のうちの第一，第二と第三との間には微妙な緊張関係があるということである。つまり第一と第二の理由はトマスの純潔さや知的な働きの卓越性を「天使的」と呼ぶことによってトマスと天使との親近性を強調しているのに対して，第三の理由であるトマスの卓越した天使研究は人間が知性的実体としては天使と同類でありながら，人間精神と天使との間には根本的な差異があることを明確にしたものであって，（後述する）「天使論的虚偽[4]」angelistic fallacy をトマスが回避することを可能にしたものなのである。「人間

---

[3]　参照。竹島幸一「聖トマスの『天使的博士』の称号について」聖カタリナ大学キリスト教研究所報，3，1996年。
[4]　モーティマー・J・アドラー『天使とわれら』稲垣良典訳，講談社，1997年，第四部。

は天使でもなければ動物でもない」(『パンセ』359) という
パスカルの有名な警句の後半は肯定・否定をふくめて今日で
も議論の対象となるが, 前半は学問的な議論の対象となるこ
とはまったくない。しかし近代哲学の創始者とされるデカル
トが人間の精神を「考えるもの」res cogitans という実体で
あると主張したとき, 彼は人間精神を天使と同じようなもの
と誤解する虚偽――天使論的虚偽――に陥っていたという批
判は, 私には妥当で重要な指摘であると思われる。そしてこ
のような虚偽を避けるためにも天使についての学問的研究は
必要ではないだろうか。

2. ではわれわれが手で触れ, 目で見て確認できる身近な
物体的事物ではなく, 他方また最高善への到達, すなわち
幸福をめざして地上の生を旅する人間である限り必然的にそ
の存在を肯定せざるをえない神でもないような存在, つまり
「天使」と呼ばれる純粋に精神（霊）的な被造物が確かに存
在することを示そうとする試みは「知恵の探求」にとってど
んな意味があるというのか。その答えは「天使」という人間
よりも上位の, つまり神により近接していて人間よりもより
卓越した仕方で「神の像（かたどり）」である被造物について研究するこ
とは, 人間が神と自己についてよりよく知ることを可能にし
てくれる, ということに尽きる[5]。

トマスは『神学大全』第一部の包括的な天使論の冒頭以外
でも, 初期の『命題論集註解』とそれに続く『対異教徒大
全』, 中期の定期討論集『霊的被造物について』, 後期の『総
長ヨアネス・ヴェルチェリへの回答』『ヴェネティアの修道

---

5) 拙著『天使論序説』講談社, 1996 年, 第一章。

Ⅳ　トマスと天使

院講師への回答』，未完に終った最後期の『分離的実体について』『神学綱要』などで，非物体的な知的実体であり，純粋に霊的な被造物である天使は現実に存在するか，という問題を論じている。

これらの天使の現実的存在（実在性）についての論証は2つの型に区別できる。第一の型は当時の自然学における宇宙像を背景に，因果性の原理にもとづいて天界の運動の原因としての純粋な知的実体の存在を論証するもの，第二は神によって創造された宇宙の完全性は，宇宙を構成する多様な存在段階の完全な位階的秩序(ヒエラルキア)を要求するという観点から，純粋な霊的被造物の存在を論証するものである。トマスの時代にはアリストテレス哲学の圧倒的な影響の下に第一の型の論証に大きな関心が集中し，トマスも生涯にわたってこの論証をより完全なものに仕上げる努力を怠らなかった。しかし，現代のわれわれにとっては天界論を理論的背景とはしない第二の型の論証がより大きな関心の対象となるように思われるので，ここではそちらを取り上げた[6]。

3. この論証は「被造物」という用語が示しているように，すべての在るものを在らしめる第一原因，つまり「神という普遍的原因による在るもの全体の流出[7]」であるところの創造を前提としている。より正確に言うと，形而上学的な探求を通じて，人間理性のみによって到達可能であるような「創造」概念，つまり被造物が創造主たる神に対して有する一種の関係[8]としての創造ではなく，まさしく創造主の働きとし

---

6) 拙稿「天使の存在論」『西洋中世研究』4，西洋中世学会，2012年。
7) 『神学大全』I, 45, 1.
8) 同上，45, 3.

ての創造についての何らかの理解を前提としている。そのことは「神は被造物を知性と意志によって造りだす」——つまり最高の知恵と自らを惜しみなく分ち与える愛によって創造する[9]——と言われていることからして明らかであり，このような神の働きとしての創造は神の本質と同じものであるから，人間理性のみによっては決して到達できない信仰の神秘に属することを強調したい。

トマスがこの論証の全体を支える根拠と見なしている（神が創造にさいして主要的に意図した）宇宙の完全性——トマスは「宇宙の秩序」ordo universi という用語でそれを表現する[10]——とは，被造物が神に似たものになるという意味での善なのであるから，この論証は（被造物が模倣すべき）神自身が「善」であること，さらにどのような意味で「善」なのであるか，についての何らかの理解を前提とする。そしてこのような神の本性に関する事柄の理解は人間理性のみによっては到達不可能なことは明らかであるから[11]，この論証は人間理性が神的啓示によって照明され，導かれることによって得られたものであることを認めなければならない。したがって，この論証は人間理性が知的探求において信仰に依存することを拒否する者にとっては「論証」と呼ぶに値するものではない。しかし人間理性の限界と可謬性を鋭く自覚し，人間霊魂は知的認識を行う諸々の知的実体の最低の段階に位置することを強調してやまなかったトマスにとっては，人間理性が知的探求を有効に，また徹底的に進めるために神的啓示に

---

9) 同上, 32, 1, ad 3.

10) 拙著『トマス・アクィナスの共通善思想』有斐閣, 1961 年, 第二章第二節。

11) William Ockkam, *Quodlibeta Septem*, I, 10.

Ⅳ　トマスと天使

よる照明と導きに自らを開くことは必要かつ理にかなったことであり，またそれは彼における知恵の探求を特徴づけるものでもあった。

　4. 神が「知性と意志によって」創造した宇宙が神の「善性」に類似する完全性を有するためには，純粋に知性的な，つまり非物体的被造物が実在するのでなければならない，というのがこの論証の中核であるが，トマスによると「知性的」という特質は「ここに・今」hic et nunc という特殊的限定を超越することに存する。したがって，知性的認識の固有的対象である「在るもの」ens とは，決して感覚によって知覚される「ここに・今」在る物体的なものと同一ではなく，むしろそのような特殊的限定を超越するとの意味で「普遍的な在るもの」ens universale にほかならない，というのがトマスの基本的立場である。ここからして，純粋に知性的な被造物が実在するのでなければならない，と彼が主張するときの「実在」は「知覚される」percipi に還元されるような「在る」esse ではなく，知性によってそれの「在る」ことが真理として確証されるような「在る」を意味する，ということが明らかになる[12]。

　このようにトマスが理解した「在るもの」および「在る」は，こんにちわれわれの間で自明の理とされている「ここに・今在るもの」，言いかえると「知覚される」と殆ど同一視されるような事実的存在ではないことの重要性に注目する必要がある。この問題をここで詳しく論じることは控える

---

　12)　参照。拙著『トマス・アクィナス　「存在（エッセ）」の形而上学』春秋社，2013 年。

が，トマスにおける知恵の探求は，こんにちわれわれの間では殆ど無視・忘却されて「未知の国」になってしまった知性的な「存在」理解を前提して初めて可能であったことを改めて指摘しておきたい。なぜなら知恵の探求にとって不可欠な「自己」，および「自己」が存在するための究極の根拠としての「神」は，知性的な「存在」理解を前提することによってのみ認識可能となるからである[13]。

5. 知性的認識といえば，人間なら誰しも持っている知性を働かせればそれでよいのではないか，幼児は知性能力が未発達な間は知性的認識は限られた程度でしか行うことができないが，基礎的教育を受けて，自己表現やコミュニケーションが出来るようになった段階では万人が知性的認識を行う能力を有すると言えるのではないか……このように考える人が多いかもしれない。それどころではなく，こんにちわれわれの間では「人工知能」artificial intelligence という言葉が使われており，やがてはそれがわれわれ人間の知的活動を補い助けるというよりは，われわれ人間の上に支配力をふるいそうな勢いであるのを見ると，知性的認識は人間と動物の境界を飛び越えて，一挙に物体的な機械の領域までその活動範囲を拡大したかのように思われてくる。

しかし，トマスは人間の知性的認識のちからについてはこれと甚だしく異なった考えであったように見える。彼の見る所によると，最初の哲学者たち，すなわち人類の知的探求の進展に大きく貢献したと見なされているエリートたちですら「知性的認識のちからに無知で，感覚と知性とを区別するこ

---

13) 同上，参照。

Ⅳ　トマスと天使

とを知らなかった」ために，「物体以外には何も存在するものはない」と考える誤謬に陥っていた，のである。ここでトマスが言おうとしているのは古代の哲学者たちの知的な幼稚さではなくて，知性的認識の働きを完全に行うことの困難さなのであるから，この困難さそのものに関する限り，古代人たちと現代のわれわれとの間には何の違いもない，と考えるべきであろう。つまり現代のわれわれも知性的認識を行う可能性としてのちから potentia は有しているものの，それを現実に完全な仕方で行うちから virtus を有していない点では古代人たちと同じなのである。

　知性的認識の困難さを適切に説明するのに最もよい方法は，知性的認識の固有的対象である「在るもの」を適切かつ十分に認識することの困難さに改めて注目することである。ところで，知性によって最初に捉えられるのは「在るもの」である，と言われるように，およそわれわれが知性を働かせて何事かを認識し，「……である」という判断を下すときには，われわれは知性的認識がそれによって成立する根拠としての「在るもの」を暗黙的に認識している。そうでなければ「……である」という判断は空虚で無意味なものとなるからである。しかし，「在るもの」を「在るもの」である限りにおいて明示的に認識するためには，知性は（トマスの言葉をかりると）「勤勉熱心で精妙な探求 diligens et subtilis inquisitio[14]」を通じてそのような認識のためのちから virtus を——それこそ知識（確実な論証知）scientia よりもより高次の知的な徳 virtus としての知恵にほかならない——取得しなければならない。それはトマス自身が「昔の哲学者たちは

---

14)　『神学大全』I, 87, 1.

僅かずつ，そして一歩一歩という風に真理の認識に入っていった[15]」と述べているように，極めて困難で誤謬の危険に満ちた探求によって初めて到達されるものである。

われわれがこんにち真理の探求とか知的・学問的活動と呼んでいるものは，目に見える事物や何らかの仕方で知覚・観測可能であるような現象に関わるものであって，知性によってのみ認識される目に見えないもの――（在るものである限りでの）在るものであろうと，精神（心），天使，神あるいは「価値」と呼ばれるものであろうと――についての確実な認識に到達するために知的・学問的活動を試みようとする者は稀であると言えるのではないか。しかし，すこし大胆な言い方をすることが許されるならば，トマスの時代においてはそのような目に見える世界に関する知的探求――こんにち「科学」と呼ばれる知的活動の全体――は，目に見えない世界に関わる知的探求を有効かつ可能な限り確実に行い，それら高次の在るものを認識しうるちから virtus を取得するための，いわば基礎作業であり，準備訓練だったのである。

6. これまで述べたことによって，天使と呼ばれる純粋に精神的な知的被造物について探求し学問的に認識することの重要さ，そしてトマスがこのような高次の知的被造物が実在することの論証は知恵の探求において重要な意味を持つと考えたことの根拠がかなり明らかに示された，と言えるのではないか。さきに天使を研究することは「人間が神と自己についてよりよく知ることを可能にしてくれる」と述べた。それは「神と自己」についてよりよく知ることは知恵の探求にお

---

15) 同上，I, 44, 1.

Ⅳ　トマスと天使

いて最も重要であるが，そのためにはわれわれの知性が，目に見えない，知性のみによって認識されうるような対象を明確に認識しうるちからを取得するところまで強められ，完成されることが不可欠であり，天使の研究はそのような人間知性の強化・完成のための最善の機会となりうるからである。こんにち天使の研究とか天使学に知的関心を向けることは，風変りな趣味か時代錯誤(アナクロニズム)として片付けられがちであるが，そのことは実はわれわれが「人間は生れながらに知ることを欲する[16]」と言われるときの「知ること」の範囲を目に見える物事のみに限って，目に見えない物事に専ら関わる知恵の探求をおろそかにする傾向の反映と言えるのではないだろうか。

---

16)　アリストテレス『形而上学』980 a22.

2
守護の天使

(『神学大全』I. 113. 2)

　「個々の人間たちにそれぞれ違う天使たちが守護のためにふりあてられている，と言わなければならない。その理由は，天使たちによる守護は人間たちに関わる神的摂理の遂行とも言うべきものだ，ということである。ところが神の摂理は人間たちに対してと，他の可滅的な被造物たちに対してとでは異なった仕方で関連づけられているのであって，なぜならそれらは不可滅性に対して異なった仕方で関係づけられているからである。というのも，人間たちは共通的な種に関して不可滅であるのみでなく，個々の人間に固有の形相，すなわち理性的霊魂に関しても不可滅なのであるが，そのことは他の可滅的な事物については言えないからである。ところが神の摂理が主要的には恒久的に存続するところの者共に関わることは明白であって，移りゆくところの事物に神の摂理が関わるのはそれらを恒久的な事物へと秩序づける限りにおいてである。したがって，神の摂理が個々の人間たちに関係づけられる仕方は，可滅的な諸々の事物の個々の類もしくは

Ⅳ　トマスと天使

種に関係づけられる仕方に対応する。しかるに，グレゴリウス[1]によると（天使の）多様な諸階層は事物の多様な諸々の類にそれぞれふりあてられているのであって，たとえば権能が悪霊どもを強制するために，ちからが物体的事物において奇跡を行うために，といったようにである。そして事物の多様なそれぞれの種に同一の階層に属する多様な天使たちが配置されて司(つかさど)るということになろう。ここからして，（同一の種に属する）多様な人間たちにそれぞれ違った天使たちが守護のためにふりあてられるということも理にかなったことなのである。」

Dicendum quod singulis hominibus singuli angeli ad custodiam deputantur. Cuius ratio est, quia angelorum custodia est quaedam executio divinae providentiae circa homines. Providentia autem Dei aliter se habet ad homines et alias corruptibiles creaturas, quia aliter se habent ad incorruptibilitatem. Homines enim non solum sunt incorruptibiles quantum ad communem speciem, sed etiam quantum ad proprias formas singulorum, quae sunt animae rationales; quod de aliis rebus corruptibilibus dici non potest. Manifestum est autem quod providentia Dei principaliter est circa illa quae perpetuo manent; circa vero ea quae transeunt, providentia Dei est inquantum ordinat ipsa ad res perpetuas. Sic igitur providentia

---
1)　教皇グレゴリウス１世（在位 590-604）大グレゴリウスと称せられる。ここで引照されているのは『福音書教話』II. 34. PL76. 1251.

Dei comparatur ad singulos homines, sicut comparatur ad singula genera vel species corruptibilium rerum. Sed secundum Gregorium, *Diversi ordines deputantur diversis rerum generibus; puta Potestates ad arcendos daemones, Virtutes ad miracula facienda in rebus corporeis*. Et probabile est quod diversis speciebus rerum diversi angeli eiusdem ordinis praeficiantur. Unde etiam rationabile est ut diversis hominibus diversi angeli ad custodiam deputentur.

「守護の天使」という言葉が目に入る毎にずっと以前に，岩下壮一『カトリックの信仰[2]』で読んだ微笑ましいひとつのエピソードが自然に私の記憶に蘇ってくる。「かつて一修道女が，守護の天使についてのカトリックの教理を説明するのを聞いて，一婦人は眼を瞠って『あなたはほんとうにその通り信じていらっしゃるのですか』ときいた。修道女が『ええそうです』と答えると，その婦人は『まあ，なんて詩的なのでしょう』と叫んだ。これは実話である。」著者はこのエピソードに続けてこう感想を記している。「私はこの話をきいて，この婦人の心根のゆかしさを思った。……私はこの人が，神の現実——それがほんとうの現実である——が人間の詩より遥かに麗しいことを悟る日の来らんことを祈っている。」

では上に紹介した，すべての人間のひとりひとりに神の摂理によって守護の天使が遣わされることは理にかなってい

---

2) 岩下壮一『カトリックの信仰』講談社，1994年，153-154ページ。

Ⅳ　トマスと天使

る，というトマスの議論を読んだ読者から，この婦人と同じような反応を果して期待できるだろうか。私はここで守護の天使の現実性をめぐるトマスの議論が読者にどのように受け止められるか，について色々と推察するのはやめて，トマス自身が想定した，神の摂理による守護の天使の派遣，という教えにたいして人々が示すであろう否定的反応について述べることにしたい。

　第一に理性的動物である人間は各人がそれによって自らの行為の支配者となりうる自由意思を有することによって，また人間が為すべき善について教えてくれる実践的第一原理である自然法の認識を本性的に植えつけられていることによって，自らを守護することができるのであるから，天使によって守護されることなどありえない，という反応がありうる。第二に神の像(かたどり)として創造された人間は創り主である神によってこの上なく力強く賢明に守護されているのであるから，それとは比較にならぬほど劣弱な天使による守護は必要ではない，という反応もあろう。さらに可視的に出現するとか，奇跡を行うことによって天使は有効に人間を守護することができる筈(はず)であるのに，現実に多くの人間が，日々罪を犯して亡び去っているという事実は，すべての人間に守護の天使が現実についているのではないことの明白な証拠ではないか，と反論する者も多いであろう[3]。

　このように天使による人間の守護はありえない，不必要，そして事実による裏付けがない，という反駁の余地が全くないと言えそうな強力な議論に対抗して，トマスが守護の天使の実在性を論証するための根拠としたのは，前述のように神

---

3) 『神学大全』I, 113, 1, ob. 1-3.

の摂理という極めて素朴で単純な信仰の真理であった。天使たちの仕事は神の摂理を遂行することなのであるから，神の摂理に対する単純・素朴な信仰がなければ守護の天使の現実性に関するどのように精妙で論理的な議論も空虚で無意味なものにならざるをえない。

しかし，ここで見落としてはならないのは，トマスの論証が，天使によって守護されるに値するほどの尊厳と卓越性を人間は付与されており，それと同時に，天使によって守護されることなしにはこの尊厳と卓越性を保持し，完成することは覚束(おぼつか)無いほど無力で不確実な状態に人間は置かれている，という鋭(するど)い洞察によって支えられていることである[4]。人間の尊厳・卓越性とは神と直接的に認識と愛によって結びつき，合一しうる者であること，そして人間の無力さとはそのような神との合一を実現するためのちから virtus がここ地上の生においては極度に未完成であり，甚だしく不完全なものにとどまる，ということである。このように人間は一方では無限への能力[5]と呼ぶのがふさわしい尊厳と卓越性を付与されつつ，他方では無数の誤謬と挫折の危険にさらされているという，自己矛盾と言っても過言ではない緊張関係を抱えこんでいる。このことの適確な洞察が，守護の天使の現実性に関するトマスの議論を単なる素朴で単純な信仰の表現にとどまらないものにしていると言えるのではなかろうか。

---

4) 同上，113, 1.
5) 同上，7, 2, ad 2; 76, 5, ad 4; 86, 2, ad 4.

V

自己知と自己愛

1
自己認識について

(『神学大全』I, 87, 1)

「われわれの知性は自らの本質によってではなく自らの働きによって自己を認識する。そして，それは二つの仕方においてである。すなわち，その一つは特殊的な仕方，つまりソクラテスもしくはプラトンが，自分が知性認識しているのを知覚することからして，自分が知的霊魂を有するのを知覚する限りにおいてである。もう一つは普遍的な仕方，つまりわれわれが知性の働きからして人間精神の本性を考察する限りにおいてである。……ところでこれら二つの認識の間には相違がある。というのは，精神についての第一の認識を取得するためには，精神がそれによって自分自身を知覚する働きの根源であるところの，精神の現存そのもので十分だからである。そしてこのことのゆえに，精神は自らの現存によって自己を認識すると言われるのである。しかし精神についての第二の認識を取得するためには，精神の現存では不十分であって，熱心で精妙な探究が必要とされる。このことのゆえに多くの者が魂の本性について無知であり，また多くの者が魂の本性に関して誤謬に陥りもしたのである。」

V 自己知と自己愛

Non per essentiam suam, sed per actum suum se cognoscit intellectus noster. Et hoc dupliciter. Uno quidem modo, particulariter, secundum quod Socrates vel Plato percipit se habere animam intellectivam, ex hoc quod percipit se intelligere. Alio modo, in universali, secundum quod naturam humanae mentis ex actu intellectus consideramus. ...... Est autem differentia inter has duas cognitiones. Nam ad primam cognitionem de mente habendam, sufficit ipsa mentis praesentia, quae est principium actus ex quo mens percipit seipsam. Et ideo dicitur se cognoscere per suam praesentiam. Sed ad secundam cognitionem de mente habendam, non sufficit eius praesentia, sed requiritur diligens et subtilis inquisitio. Unde et multi naturam animae ignorant, et multi etiam circa naturam animae erraverunt.

　自己知あるいは自己認識というテーマをトマスと結びつけることにどんな意味があるだろうか。そもそも結びつけること自体が可能だろうか。彼が遺した厖大な著作のうちに彼が自らについて語っている言葉を見出すのは至難の業であり——「他の箇所では私は別の書き方をしたのだが[1]」といった類いの自らの見解を訂正する言葉はあるが——そもそも「私は……」という一人称・単数の言明が極めて稀なのである。それ程まで自己について語ろうとしない人物が自己認識に関心があったと言えるだろうか。むしろ二十世紀の著名な

---
1) 『神学大全』III, 9, 4.

トミストが『神学大全』の文体について「これが果たして生きた人間によって著作されたものか，むしろ客観的事態そのものが，特定の思想家の個性に影響されることなく，自らを言葉で言い表わしたのではないかと自問したくなる[2]」と評したように，トマスは自らの個性を滅却する仕方で探求し，思索した思想家だったのではないか。

ところで同じ人物はアウグスティヌスについて「彼の厖大な著作のうち僅か一章か二章かでも読んだことのある人は——かりにそれが非常に思弁的な『三位一体論』であっても——読んでゆくうちに，ここにおいては血の通った生身の人間が思索し記述していると切実に感じたことであろう[3]」と評している。世界文学の代表的な自叙伝として紹介されてきた『告白』は決して一般的な意味での自叙伝ではなく，全十三巻の始めの十巻でアウグスティヌスが神に向かって人々の前で自らの過去と現在について語る，という仕方で行っている告白は，彼が初期の『独語録(ソリロクィア)』で「私は神と魂を知りたい，ただそれのみ」と宣言したことの実行であった。それにしても，そこでアウグスティヌス自身が，一人称単数で，自己の過去と現在について語っていることに変りはない。

このように見てくると，トマスとアウグスティヌスは思想家として，あるいはむしろ知恵の探求者として，自己認識に対して正反対とは言えないにしても，非常に違った関わり方をしていたと言えそうである。しかし，実際にそうであろうか。トマスの没個人的な文体とアウグスティヌスの「血の通った生身の人間」の現存を感じさせる文体との違いは，こ

---

2) Josef Pieper, *Thomas Breviar*, Kösel, 1956.
3) *Ibid.*

V　自己知と自己愛

の二人の自己認識への関わり方の相違を示すものであろうか。

　私は決してそうではないと考える。トマスが「自己」を認識すると言うときの「自己自身」とは知性的認識を行う人間知性ないし精神，言いかえると知的実体としての霊魂であり，つまりは精神ないし霊魂が自己自身を振り返り，自己自身に立ち帰ることによって自己を認識するのである。それはアウグスティヌスにおいても同じであって，彼が『真の敬神(レリギオ)について』の有名な箇所で「外へ出て行くな，あなた自身に立ち帰れ，真理は内的人間のうちに住む[4]」と勧告し，また『告白』のなかでも繰り返し，「自分自身に立ち帰り，心の内奥にはいってゆく[5]」という真理探求の道程について語るとき，彼が考えているのは人間精神が自分自身に完全に立ち帰ることによって行う精神の自己認識である。

　ここで，精神が自己自身へと完全に立ち帰ることによって行う精神の自己認識なるものは，自己認識と言うよりはむしろ精神の形而上学であり，そこで認識されるものはデカルトが「拡がりを持つもの」から区別した「思考するもの」としての精神ないし知的実体であって，それの認識を「自己」認識と呼ぶことは誤りではないか，という疑問を抱く人が多いかもしれない。デカルトの自己認識とトマス，およびアウグスティヌスの自己認識との比較は極めて興味深い問題であるが，ここで立ち入ることはできない。私はただ，もしわれわれが「自己認識」をかつてヒュームが提唱した人間科学の問題の一つとして捉え，それを科学的な方法で解決しようと試

---

4) 『真の敬神(レリギオ)について』39, 72。
5) 『告白』VII, x, 16; xvii, 23; IX, x, 23.

みるのであれば、それは徒労に終わらざるをえないことを指摘したい。ヒューム自身が告白しているように、そのような科学的方法で実証される成果を期待して「私が自己自身と呼ぶものに最も親しく入りこむとき、……（私が見出すのは）想いもおよばない速さで次々に継起する、久遠の流転と動きのうちにある、様々の知覚の束ないし集合にすぎない[6]」のである。

　ヒュームが（そして哲学者たちも含めて多くの者）自我とか自己自身と呼ぶものに最も親しく入り込んで「自己自身」を捕えることができなかったのは、そこ（「自己自身」と呼ばれるもの）で捕えようとしていた当のものを捕える準備をまったく欠いていたからである。今の場合、捕える側も捕えられる側も同一の自己であるから、自己認識を行う自己とは一でありながら「知る者」と「知られる物」の二者が区別される存在、言いかえると自らのうちに関係あるいは交わりを含む存在である、と言わなければならない。さきにアウグスティヌスやトマスの自己認識に関して「自分自身に立ち帰る」という言い方を繰り返したが、それは外界へ向けていた視線を単純に反転させるという意味での反省 reflexion ないし内観 introspection ではない。自己認識を行う自己とは、自らのうちに「知る者」と「知られる物」との一種の関係あるいは交わりを含む存在であって、そのような関係あるいは交わりにおいて在る、という完全な在り方——そのような「在り方」をするものが「精神」である——のゆえに自己へと完全に立ち帰り、自己を認識することが可能なのである。

　6）　David Hume, *A Treatise of Human Nature*, ed. P.H.Nidditch, Oxford, 1978, I,iv, 6.

V　自己知と自己愛

　ところが，トマスが繰り返し強調するところによると，人間精神は諸々の精神的存在ないし知的実体の間にあって最低の位置にあり[7]，知的認識を行うちからは有していても，知的存在としては（トマスの表現を借りると）物体的事物の領域における第一質料に比すべき可能態の状態にあるので[8]，認識活動の始めの段階では未だ可知的 intelligibilis ではなく[9]，それゆえに自己認識は不可能である。したがって，人間精神はまず感覚によって捉えられる物体的・質料的事物の本質を認識することから出発して，その認識を積み重ねることを通じて自らを知的存在として完成し，現実に可知的な状態へと高める必要があり，そのことによって始めて自己認識への態勢を取得する[10]，というのがトマスやアウグスティヌスの自己認識についての立場であった。

　引用した自己認識に関するテクストは，人間知性はその固有の対象である可視的な事物の本性を認識することから出発して，不可視的な事物についての何らかの認識へと上昇してゆくという[11]，認識活動の上昇ないし飛躍の鍵を握るものとしての人間知性による自己認識を取り上げたものである。したがって，トマスが自己認識について考察するさいの主要な関心は，精神である自己を認識することを通じて，人間精神よりも上位の不可視的な事物，究極的には第一原因である神をよりよく認識するための態勢造りであった。知恵の探求が

---

7)　『神学大全』I, 79, 2.
8)　同上，I, 14, 2, ad 3; 87, 1.
9)　同上，I, 87, 1.
10)　同上，I, 14, 2, ad 3; 84.7.
11)　同上，I, 84, 7.

一貫して，そして最終的にめざす神の認識は，人間精神が不可視的な事物を認識することができるように態勢づけられていることを必要とするが，このような態勢づけは自己認識によって形成されるというのが，トマスがアウグスティヌスから受け継いだ立場[12]だったのである。

言いかえると，トマスの自己認識は，他のすべての人間から区別されたこの「私」という個人を個人として認識する営みでもなければ，ましてそのような個人としての「自己」の独自性や存在意義を強調しようとする試みではなかった。むしろそれは，われわれは知的認識を行っていることからして，そのような知的認識を行う精神の現存を知覚し，その限りでは不可視的な精神についての漠然とした認識——トマスの言う「特殊的な自己認識」——は有していても，精神が「何であるか」については多くの場合無知であり，また誤謬に陥っていることをあきらかにしようとするものであった。

精神あるいは霊魂は「何であるか」という精神の本性に関する普遍的認識は，ここでトマスが指摘しているように「熱心で精妙な探求」を必要とするものであり，極めて困難である。それは十八世紀末にカントによって理性によっては認識不可能と断定されるのに数世紀先立って，十四世紀前半にオッカムによって「経験と理性の名の下に」自然的理性によっては認識不可能な事柄に属するとされ，信仰の領域へと移されていた。トマス以後，形而上学的霊魂論あるいは精神の形而上学とも呼ぶべき哲学的探求がそのように急速に崩壊の一途をたどった理由についてここで立ち入って論じること

---

12) 同上，I, 88, 1, ad 1.

V　自己知と自己愛

はできない[13]。しかし可視的ないし質料的な事物の本性の認識に関わる自然学的認識と不可視的で非質料的な事物の認識に関わる形而上学的認識とを媒介すべき自己認識の理論が閑却され，自然的理性による認識は専ら自然学の領域——オッカムの言う「理性と経験に従う者[14]」の認識対象——に限定されるようになったことが重要な役割を演じたことは否定できない。さらに言えば，アウグスティヌスやトマスにとっては，可視的な事物の本性の探求に関わる知的認識は，人間精神を不可視的な事物，最終的には神をよりよく認識しうるように態勢づけ，完成するための営みであったのに，中世後期においては理性による認識活動の対象は専ら可視的事物を包括する自然の領域に限定されるようになったことが，アウグスティヌス—トマス的な自己認識の理論の衰退を招いた重要な理由であると考えられる。

このように人間の認識活動ないし知的探求の領域を感覚的経験による検証の可能な自然の領域に限定する傾向は，近代思想を根本的に特徴づけるものであって，そのことに対応してアウグスティヌス—トマス的な自己認識はまさに知的認識として成立する「場」を喪失したと言えるであろう。なぜなら，精神の本質の認識をめざす自己認識は，可視的で質料的な物体的事物よりも，不可視的で非質料的な事物が上位の存在であり，人間精神が主要的に認識すべきより実在的な対象であることを前提とするからである。そもそも，人間精神よりもより上位の存在である諸々の不可視的で非質料的な精神

---

13)　参照。拙著『抽象と直観——中世後期認識理論の研究』創文社，1990年，とくに第1章。

14)　William Ockham, *Quodlibeta Septem,* Opera Philosophica et Theologica, x, p.64.

的，知的実体が実在性を否定され，人間的認識の対象領域から除外された場合には，自己認識の対象は存在すべき場所，したがってまたそこにおいて認識されるべき「場」を有しないことにならざるをえない。

ここでその一端に触れたトマスの自己認識についての考え方は，近代思想の認識論的な認識主観（主体）ないしは心理学的な自己意識としての「自己」という考え方に親しんでいる者にとっては理解し難く，また容易に受けいれることができないかもしれない。しかし逆に，トマスの自己認識の理論をそれ自体として吟味することによって，問題はむしろ人間の認識活動についての近代思想の立場の方にあるのではないかと考える見方も可能になるのではないだろうか。近代思想は「自然」の領域に関して確実な認識を取得することを人間の認識活動や知的探求の主要な課題としてきた。しかし，実を言うと，このような「自然」の領域の認識は，人間精神をさらに重要な課題により有効に取り組むことができるよう訓練し，成熟させるためであることを近代思想は見落としたか，または無視してきたのである。

これにたいして，トマスによると人間は身体と合一した精神である限り，自然の領域で生き，活動し，自然界の一員であるが，そもそも人間精神が身体と合一しているのは（精神的・知的実体の領域では最下位の）人間精神が自らの働きと存在を完成するためである。したがって，人間精神の固有の働きである知的認識にとっての主要課題は，自己すなわち精神とは何であるかをよりよく認識し，それを完成する——すなわち「善く生きる」——ために必要な知識を獲得することであるのは，ほとんど自明のことであった。そしてこのよう

V　自己知と自己愛

な人間精神による自己認識の先にあるのが，人間精神を超える諸々の精神的ないし知的実体，そして究極的には第一原因である神の認識であり，それはまた善く生きることを追求する人間にとっての究極目的であり，幸福である，というのがトマスの立場であった。

2
愛徳(カリタス)としての自己愛

(『神学大全』II-II, 25, 4)

「愛徳は一種の友愛であるから，われわれは二様の仕方で愛徳について語ることができる。一つは，友愛の共通的側面の下に。そしてこの意味では，厳密な意味での自己に対する友愛というものはなく，それ（自己愛）は友愛よりも何かより大いなるものである，と言わなければならない。なぜなら友愛は何らかの合一を意味するが，誰でも自己自身とは「一」──それは「合一」以上のものである──だからである。ここからして，「一」が「合一」の根源であるように，人がそれでもって自己自身を愛する愛が友愛の形相であり根元である。というのも，われわれが他者にたいして友愛を有するとは，われわれが自分自身に関係するように他者に関係する，ということだからである。もう一つ，われわれは愛徳についてそれ自身に固有の側面に基づいて語ることができる。それはすなわち，愛徳は主要的には神にたいする人間の友愛であり，その帰結として神に属する様々の者たちにたいする友愛である限りにおいてである。それらの者たちのうちには愛徳を有する人間自身もふくまれている。このようなわ

V　自己知と自己愛

けで，人間が愛徳からしていわば神に属する者たちとして愛するところの他の者たちに交えて，人間は自己自身をも愛徳からして愛するのである。」

Cum caritas sit amicitia quaedam, dupliciter possumus de caritate loqui. Uno modo, sub communi ratione amicitiae. Et secundum hoc dicendum est quod amicitia proprie non habetur ad seipsum, sed aliquid maius amicitia, quia amicitia unionem quandam importat, ... unicuique autem ad seipsum est unitas, quae est potior unione. Unde sicut unitas est principium unionis, ita amor quo quis diligit seipsum, est forma et radix amicitiae, in hoc enim amicitiam habemus ad alios, quod ad eos nos habemus sicut ad nosipsos. ...... Alio modo possumus loqui de caritate secundum propriam rationem ipsius, prout scilicet est amicitia hominis ad Deum principaliter, et ex consequenti ad ea quae sunt Dei. Inter quae etiam est ipse homo qui caritatem habet. Et sic inter caetera quae ex caritate diligit quasi ad Deum pertinentia, etiam seipsum ex caritate diligit.

　こんにち自己愛という概念ほど甚だしい誤解や無視にさらされている概念は少ないのではないだろうか。それは自分自身を，漠然とした本能とか感情のレベルではなく，理性的あるいは自覚的に愛する，という意味での「自己愛」という言葉そのものが一般化していないことからも推察される。「自愛」という言葉は広く用いられているが，それは健康に留意し品行を慎しむ，という意味の殆ど修辞的な表現にすぎない

か，もしくは生物学的な自己保存の本能のようなものを指すにすぎない。他方，隣人愛と並べて自己愛と言うときには，自己愛はもっぱら利己心あるいは自分本位という意味に解され，極端な場合には自己陶酔(ナルシシズム)や自惚(うぬぼ)れの意味で用いられることすらあるようである。

ところで，私は冒頭で自己愛の概念が甚だしい誤解や無視にさらされていると述べたが，ここまで来て，誤解しているのはむしろ著者の方ではないか，と感じる読者が多いかもしれない。自己愛とは本来，利己心あるいは自分本位の愛であって，人間はもともと（激しいか，程々であるかは別として）利己主義的な行動をすると決まっている。社会生活の起源を説明する社会契約というものも，人間が本来利己主義的であることを前提とするものではないか，と言いたい人が多いのではないか。

このように自己愛を利己心と重ね合わせる人々にとっては，トマスが自己愛を隣人愛と対立させるどころか，隣人愛の最も強烈で純粋な型態と言える友愛よりもより大いなるものとして位置づけていることはほとんど不可解であるに違いない。どうして自己愛が他者である友人を真実に愛することの根拠でありうるのか。またこの引用は「人は自分自身を愛徳(カリタス)によって愛すべきか」という問いにたいする解答であるが，愛徳(カリタス)はパウロが『コリント人への第一書翰』の有名な「愛の讃歌」で「(愛(アガペ)は)自分の利益を求めず」と述べているように，本来，無私の愛であり，自己愛とは正反対であるというのが通説である。ところがトマスは，愛徳こそ諸々の徳のなかで最も卓越した徳であり，すべての徳を真実に徳たらしめるものであって，その意味で諸徳の形相であると主張する。そして愛徳は，主要的には神にたいする人間の友愛であ

V　自己知と自己愛

るとした上で、そこから直ちに人間は自己自身を愛徳をもって愛する、という結論を導き出しているのである。

トマスの「愛徳」概念の説明は別の機会に譲ることにして、「人間は自己を愛徳をもって愛する」という彼の立場が背理とまでは言えないにしても逆説としか響かないのは、われわれの側に人間は本来、利己的で自己本位である、という見方が根付いているからだ、と確かに言えるであろう。しかしこの見方は極めて説得的であり、われわれの間でほとんど自明的であるかのように見なされているが、実はごく表面的に観察された人間行動からの結論であり、人間の本性についての適切で徹底的な考察に基づくものではない、と言うべきであろう。

その理由は、さきに自己認識の問題を取り上げたさいにあきらかになったように、近代においては人間理性による確実な認識の対象が可視的な事物の領域としての「自然」に限られたために、身体と結びついた精神（霊魂）である人間の全体を適切かつ徹底的に研究する「形而上学的」人間学が学問として成立しなくなったことである。トマスの時代までは自然の領域に関する知的探求は、可視的な自然の領域を超える事柄に関する探求のために人間理性ないし知性を完成し、現実化する役割をふりあてられていたのであるが、近代における人間学は可視的な自然の探求に向けられていた視線を、そのまま反転させることによって成立する人間「科学」へと変容する過程を辿ったのである。このような人間科学によって人間の全体、したがってまた自己が捉えられないことは明白であろう。

自己愛について一言だけ説明しておくと、トマスはアリス

トテレスに従って「善」を「すべての事物がめざすもの」と解しているが，そのような善をめざし，善へと向かうもののうちに最初に生じるものを愛 amor と呼び，そして愛とは善をめざすものが（対象ないしは目的である）善に向かってもっている適合・合致 aptitudo あるいは釣り合い proportio である，と述べている[1]。またトマスは多くの箇所で愛を指すのに「親和性」connaturalitas あるいは「善への和合」complacentia boni という言葉を用いている。これはおそらく多くの人にとって意外な，そして興味深い「愛」理解であろう。トマスにとって愛とは，善いもの，望ましいものに自分から近づき，それを手に入れようとする能動的な行動であるよりは，根本的に，善をめざす者のうちに善によって生ぜしめられる，当の善との根源的な合致・和合なのである。

このように善へと向かい，善をめざす者のうちに善との親和性が生ぜしめられるためには，それに先立って善が認識され，善をめざす者に内在せしめられることが必要である。そして，このように認識によって（善をめざす者に）内在化された善は，次に（善をめざす者が）善それ自体へと向かう欲求の動きを呼び起こすのであるが，トマスはここでまさしく善の認識を善の欲求へと転化させる当のものを愛と名付けているのである。このように愛は善の認識と善の欲求との接点に位置し，それら二つを媒介するものであるが，厳密には欲求の運動の発端であり，根源であるから，認識よりはむしろ欲求に属すると見るべきである。

上で述べたところからあきらかなように，トマスによれば善が愛の原因であり，対象であるから，われわれが愛をどの

---

1) 『神学大全』II-I, 25, 2.

V 自己知と自己愛

ように理解するかは，善をどのように理解するかによって根本的に定まってくると言える。もしわれわれが善とは根元的に何かを善と認識し，善として欲求する者自身，その意味での自己にとって有用であり，また快いもののことだと理解するのであれば，愛は根元的に利己的で自分本位なものと理解されることになる。われわれの間で自己愛が利己的で，自分本位な愛であるとの見方が自明的となっているのは，善の理解が自己中心的であることからの論理的な帰結であると言えよう。

他方，トマスはすべての在るものの存在の第一根源である「存在そのもの」たる神にもとづいて「在るもの」を理解する。そしてすべての在るものは善性そのものであり，最高善である神から存在を受け取るのであるから，すべて在るものは在るものである限りにおいて善い，と認識するトマスにとって，善の理解は根元的に神中心的であり，したがって愛の理解も根元的に「神は愛である[2]」という信仰の神秘にもとづくものである。言うまでもなく，この信仰の神秘を肯定することなしには人間は善を認識し，善いものを愛することはできない，と主張するのではない。トマスによると「在るもの」と「善」の認識はすべての人間によって自然本性的に所有されている。それは（理論的および実践的）理性の第一原理である[3]。しかし，われわれがこのような理性の第一原理を肯定する——懐疑主義者や虚無主義者はそれらを否定するのであるが——根拠を徹底的に探求（それが知恵の探求である）して究極的に行きつくのはこの信仰の神秘だ，とトマ

---

[2] 『ヨハネの第1書翰』4, 8; 16.
[3] 『神学大全』II-I, 94, 2.

スは考えていた。

3
自己愛と神愛（A）

（『任意討論集』I, 4, 3）

　「神をすべてのものを超えて，自分自身よりも愛することは，天使や人間にとってのみでなく，いかなる被造物にとってもそれらが感覚的もしくは自然的に愛することができる限りにおいて，自然本性的であると言わなければならない。というのは，自然本性的な意向は理性の熟考なしに自然的に為される事柄において最もよく認識されうるからである。その理由は自然界のものは何であれ自然本性に適合した行動の仕方で行動するということである。

　ところでわれわれは，いずれの部分も何らかの自然本性的な傾向性によって，たとえ自らにとっては危険や損失であっても，全体の善のために働きを為すことを見るのであって，それは或る人が全身体の福祉がそれにかかっているところの頭を防ぐために，腕を剣の前にさらすさいにあきらかに見られるところである。このように，いかなる部分もそれなりの仕方で，自分自身よりも全体をより愛することが自然本性的なのである。したがって，この自然本性的な傾向性，ならびに国家社会的な徳にもとづいて，善い市民は共通善の

ために自らを死の危険にさらすのである。

　ところで，神が全宇宙およびそのすべての部分の共通善であることは明白である。したがって，いかなる被造物も自らのやり方で自分自身よりも神を自然本性的により愛するのである。すなわち，感覚を有しない事物は自然本性的な仕方で，非理性的な動物は感覚的に，これにたいして理性的被造物は知的愛 dilectio と呼ばれるところの知性的な愛によって。」

Dicendum est quod diligere Deum super omnia plus quam seipsum, est naturale non solum angelo et homini, sed etiam cuilibet creaturae, secundum quod potest amare aut sensibiliter aut naturaliter. Intentiones enim naturales maxime cognosci possunt in his quae naturaliter aguntur absque rationis deliberatione; sic enim agit unumquodque in natura, sicut aptum natum est agi.

Videmus autem quod unaquaeque pars naturali quadam inclinatione operatur ad bonum totius, etiam cum periculo aut detrimento proprio: ut patet cum aliquis manum exponit gladio ad defensionem capitis, ex quo dependet salus totius corporis. Unde naturale est ut quaelibet pars suo modo plus amet totum quam seipsam. Unde et secundum hanc naturalem inclinationem, et secundum politicam virtutem, bonus civis mortis periculo se exponit pro bono communi.

Manifestum est autem quod Deus est bonum commune totius universi et omnium partium eius. Unde

V　自己知と自己愛

quaelibet creatura suo modo naturaliter plus amat Deum quam seipsam: insensibilia quidem naturaliter, bruta vero animalia sensitive, creatura vero rationalis per intellectivum amorem, quae dilectio dicitur.

　さきに述べたのは神の恩寵によって注入された徳である愛徳としての自己愛であったが，ここでトマスは天使や人間のような理性的（知性的）被造物のみでなく，すべての被造物において見られる自然本性的な愛について語っている。水が低きに流れ，石が落下するのは，それらのものが本来の位置において静止するという，それらにとっての終極 finis へ向かう動きであり，それらにとっての完全性への到達へ向かう動きである限りにおいて自然本性的な愛である。

　理性的被造物である人間の自然本性的愛とは人間の理性的本性の最終的な完成，すなわち人間の究極目的という善を対象とする知的愛 dilectio であって，けっして知的および感覚的な働きの不在という意味での自然的愛ではない。それは人間の欲求能力である意志の働きであるから意志的（有意的）voluntarius であるが，理性の熟考にもとづく自由意思 liberum arbitrium の働きではない限りにおいて自由ではない。意志の働きが自由でない，と言えば自己矛盾のように響くかもしれない。しかし，トマスによると意志の働きの最も主要的で根源的なものは（究極目的を対象とする）自然本性的な欲求・傾向性であり，それは「意志的」であるが「自由」ではないのである。これは人間の意志を根元的に自律的で自由な能力と解する近代思想に親しんでいる者にとっては全く不可解な見解であろう。しかし，ここで人間の「自然本性的

97

愛」と言うときの「自然本性」はあくまで人間の自然本性であるから、そこでは「自然本性的（自然必然的）」は「意志的」ということなのである。

そしてトマスは人間の意志の自然本性的な働き、いわば人間本性の根源的なダイナミズムとも言うべきものにおいて、自己愛よりも神の愛が優先的な位置を占める、と明言する。これは極めて驚くべき、そして恐らくは多くの人が承服し難い主張である。確かにトマスが挙げている、われわれが無意識的に頭への損傷を腕の犠牲において避けようとする動作は、全身体の福祉である共通善を部分に固有な善に優先させる自然の知恵を示すものであろう。しかし、トマスが「明白である」と言明する全宇宙とそのすべての部分の共通善としての神、という見方は、おそらくキリスト信者もふくめて現代のわれわれには理解し難く、たとえ理解できたとしても神話か譬え話として片付けられるであろう。したがって、人間も含めてすべての被造物は、共通善である神を自らに固有な善に優先させる、という「共通善の私的善に対する優位」の原則にもとづいて、自己愛に対する神愛の優先順位を立証しようとするトマスの議論も、そのままでは現代のわれわれには説得性がない。

ところで、トマスの共通善理論は単に社会倫理学ないし政治哲学の分野に限られたものではなく——自己愛と神愛との関係を神学的に愛徳のレベルで考察した次章であきらかになるように——彼はわれわれが愛徳をもって神を愛する、と言うときの神を、根本的に共通善として理解していた。つまり、トマスにとって共通善とは単に諸々の部分に固有な善から区別された全体の善であるのではなく、善の諸段階のなかでより上位の善にほかならなかったのであり、神はそのよう

V　自己知と自己愛

により大いなる善であるがゆえに，すべての被造物はより下位の善である自己よりも，神を自然本性的により愛する，というのがトマスの真意であった。

　ということは，トマスは共通善の「共通的」commune という言葉を，単に社会全体を構成する諸部分の協働によって達成され，またそれら諸部分に還流される，という意味での「共通的」にとどまらず，特殊的・限定的な善よりもより完全で，多数者によって何の制限や対立もなく享受されうるような，限りなく共有可能という意味での「普遍的」universale と同じ意味に解していたということである。そして共通善をこのような意味に解するとき，共通善優位の原則にもとづく，自己愛に対する神愛の優先というトマスの立場はより説得的なものになるのではないだろうか。

4
自己愛と神愛（B）

（『神学大全』II-II, 26, 3）

　「われわれは神から二重の善，すなわち自然本性の善と恩寵の善を受けとることができる。ところで，神によってわれわれに与えられた諸々の自然本性的な善を共有することに基づいて成立するのが自然本性的愛であり，それによって人間（自然本性が十全な状態にあるときの）のみがすべてを超えて，また自己自身よりも神をより愛するのみでなく，いずれの被造物もまた自分なりの仕方で，つまり知的ないし理性的，もしくは動物的，あるいは石とか認識を欠如している他のもののように，すくなくとも自然的な愛をもってそうするのである。なぜなら，各々の部分が自らに固有の特殊的善よりも，全体の共通善を自然本性的により愛するからである。このことは（事物の）働きからして明白である。というのも，いずれの部分も全体の効益のための共通の活動への主要的な傾向性を有するからである。このことはまた諸々の国家社会的徳においても見られるのであり，それらの徳にもとづいて市民たちは共通善のために，時として自らの財産および生命の損失をも耐えるのである。したがって，このことは

V 自己知と自己愛

恩寵の賜物の共有にもとづく愛徳の友愛においてはるかに明確に実証される。このようなわけで，人間は愛徳によって自己よりも，万物の共通善であるところの神をより愛すべきである。なぜなら，至福は神において，至福を分有しうるすべての者の共通で源泉的な根源におけるような仕方で在るのだからである。」

A Deo duplex bonum accipere possumus, scilicet bonum naturae, et bonum gratiae. Super communicatione autem bonorum naturalium nobis a Deo facta fundatur amor naturalis, quo non solum homo in suae integritate naturae super omnia diligit Deum et plus quam seipsum, sed etiam quaelibet creatura suo modo, idest vel intellectuali vel rationali vel animali, vel saltem naturali amore, sicut lapides et alia quae cognitione carent, quia unaquaeque pars naturaliter plus amat commune bonum totius quam particulare bonum proprium. Quod manifestatur ex opere, quaelibet enim pars habet inclinationem principalem ad actionem communem utilitati totius. Apparet etiam hoc in politicis virtutibus, secundum quas cives pro bono communi et dispendia propriarum rerum et personarum interdum sustinent. Unde multo magis hoc verificatur in amicitia caritatis, quae fundatur super communicatione donor

um gratiae. Et ideo ex caritate magis debet homo diligere Deum, qui est bonum commune omnium, quam seipsum, quia beatitudo est in Deo sicut in communi et fontali omnium principio qui beatitudinem participare possunt.

　このテクストは内容的に前の3章のテクストとほとんど同じことを述べているが, 前章のテクストでは理性的被造物は, 感覚を有しない事物や非理性的動物と違って, 知性的な愛によって自分自身よりも神を自然本性的により愛する, と言われるにとどまっていたのを補足して, 恩寵のレベルでも自己よりも神をより愛する, と言われているのが注目に値する。ところで, さきにパウロの言葉を引用して説明したように恩寵のレベルの愛とは愛徳ないし愛であり, そのような愛が自己よりも神へ主要的に向かうのはあらためて言うまでもないことではないのか。

　しかし, ここでおそらく多くの人に意外に思われ, ほとんど躓きのように受けとられかねないのは, トマスによると人間が神を愛徳をもって愛すると言うときの神は「万物の共通善」なのである。「共通善」と言えば, 何よりも第一に政治哲学ないし社会哲学の領域で国家もしくは政治社会という全体の目的を指す用語であり, すべての社会成員の協働によって実現され, すべての成員に還流されるべき善を意味するのが普通である。無私の愛をもって愛される神を「共通善」と呼ぶことは愛の冒瀆であるとまでは言わないにしても, 甚だしい曲解ではないのか。

　このような批判や非難に対して, まず指摘しなければならないのは, 前にも述べたことであるが, トマスは「共通善」の「共通」を単に諸々の部分（に固有）の善の総和としての全体の善, という量的により大きな善という意味に解し

V　自己知と自己愛

ているのではなく，多数者によって何の制限や対立もなく享受されうる，より普遍的で，より高次の善という意味に解していたことである。神はまさしくそのような意味で最高善であり，善性そのものであって，またそのような最高善である限りで宇宙万物の共通善である，というのがトマスの立場であった。

したがって，トマスにとって至福そのものである神と愛(アガペ)によって合一し，至福を共有するすべての福(さいわ)いにして聖なる者たちは，神である共通善を愛することを通じて結ばれた共同体，「天上のエルサレム」を形成する，と考えることは何ら不自然なことではなかった。しかも，トマスはこの福いなる共同体の一員がそれによって共通善としての神を愛する愛は，まさしく善き市民が国家社会的徳によって政治社会の共通善を愛する場合の愛，すなわちそれを独占的に所有するための愛ではなく，それが保持され，増進されるための愛でなければならぬ，と明言している。つまり，トマスは福いなる者たちによって分有される善を独占的に所有し，享受するために愛することは人を至福に対してよく秩序づけるものではない，と考えていた。なぜなら悪しき者すらそのような仕方で至福を愛するからである[1]。

愛徳(カリタス)をもって神を愛する至福なる者を，共通善の保持と増進のために必要なら自らの財産や生命損失をも耐え忍ぶ善き市民に喩えるトマスの「愛徳(カリタス)」観は，われわれが「神を愛する」と語るときの「愛」のイメージとあまりにかけ離れていて，容易に理解できないかもしれない。しかし，さきに人間は本来「利己主義」で自分本位であるという通念について述

---

1) 『定期討論集　悪について』2。

べたように，われわれの人間観はあまりにも（個人の自主独立性ないし「個性」の価値の無批判的な尊重という意味での）個人主義に影響されすぎて，歪められているのではないのか。トマスが自己認識および自己愛について述べていることは，われわれが今日，自明の理のように受け入れている「個人」観ないし「個人主義」についての根元的な反省を迫るもののように思われるのである。

5
自己愛と隣人愛

(『神学大全』II-II, 26, 4)

　「人間のうちには二つのもの,すなわち霊的本性と身体的本性[1]とが見出される。ところで,前述のように[2],人は自己自身を霊的本性に基づいて愛することによって,自己自身を(真実に)愛すると言われる。そして,このことに基づいて人は神の次に自己を,他の何者よりもより愛すべきである。そして,このことはなぜ愛するかという愛の根拠そのものからしてあきらかである。なぜなら,前述のように[3],神は愛徳(カリタス)という愛を基礎づけている善の根源として愛されるからである。他方,人間が愛徳からして自己を愛するのは,それによって前述の善を分有する者であるとの根拠に基づくのであり,また隣人が愛されるのはその善における交わりという根拠に基づいてである。ところで交わりが愛の根拠であるのは神への秩序づけにおける何らかの合一に基づいている。ここからして,「一」

---

[1] 人間における主要なものと第二次的なもの。『コリント人への第2書翰』4,16における「内的人間」と「外的人間」を参照。

[2] 『神学大全』II-II, 25, 7.

[3] 同上, II-II, 25, 12; 26, 2.

が「合一」よりも優越的であるように，人間が自ら神的善を分有することは，他者がこの分有において自らに結合させられることよりも，愛することのより優越的な根拠である。このようなわけで，人は自己を隣人よりもより愛すべきである。そして，このことの徴しは，人は隣人を罪から解放するためにという理由で（自分が）何らかの罪悪に屈する──それは至福の分有とは反対のことである──ことをしてはならない，ということである。」

In homine duo sunt, scilicet natura spiritualis, et natura corporalis. Per hoc autem homo dicitur diligere seipsum quod diligit se secundum naturam spiritualem, ut supra dictum est. Et secundum hoc debet homo magis se diligere, post Deum, quam quemcumque alium. Et hoc patet ex ipsa ratione diligendi. Nam sicut supra dictum est, Deus diligitur ut principium boni super quo fundatur dilectio caritatis; homo autem seipsum diligit ex caritate secundum rationem qua est particeps praedicti boni; proximus autem diligitur secundum rationem societatis in isto bono. Consociatio autem est ratio dilectionis secundum quandam unionem in ordine ad Deum. Unde sicut unitas potior est quam unio, ita quod homo ipse participet bonum divinum est potior ratio diligendi quam quod alius associetur sibi in hac participatione. Et ideo homo ex caritate debet magis seipsum diligere quam proximum. Et huius signum est quod homo non

V 自己知と自己愛

debet subire aliquod malum peccati, quod contrariatur participationi beatitudinis, ut proximum liberet a peccato.

　トマスは『神学大全』第二の二部第二十三問題から始まる愛徳論(カリタス)において，愛徳そのもの，その基体の考察に続いて，第二十五問題で人が愛徳によって愛すべき様々の対象を数え上げているが，そのなかには愛徳(カリタス)それ自体，罪人，悪魔のような，愛徳をもって愛すべきかどうか答え難い対象も含まれていて，トマスの知恵というか，機知を感じとることができる。しかし，原則的には愛徳によって愛すべき対象は神，隣人，われわれの身体，われわれ自身の四つに整理され，次の第二十六問題ではそれら諸々の対象を愛徳をもって愛するさいに従うべき優先順位が考察される。そのなかには自分の息子と父親，母親と父親，妻と父母のいずれを優先すべきか，というデリケートで興味深い問題も取り上げられているが，ここではトマスの判断基準が明白に示されている箇所を取り上げることにする。

　トマスによると，愛の優先順位の基準は愛される対象が善としてどのように段階づけられるか，つまりより普遍的な高次の善であるか，それともより特殊的に限定された低次の善であるか，ということである。そして，このような対象の善の上・下順位はけっして主観的・相対的なものではなく，自らの本質によって存在する「自存する存在そのもの」Ipsum Esse Subsistens を頂点として，存在(エッセ)を分有する仕方の完全性に基づいてそれぞれの在るもの(エンス)の善の段階が確定される，というのがトマスの基本的立場である。

　ここで取り上げられている自己と隣人のいずれを愛徳(カリタス)ない

し愛によって優先的に愛すべきか，という問題については，自己愛とは利己的な愛だ，と思い込んでいる論者なら，もちろん隣人愛を優先させるべきだ，イエス・キリストも「友のために命を捨てる，これにまさる大きな愛はない[4]」と弟子たちに教えたではないか，と答えるに違いない。しかし，トマスはごく当然のことのように，愛徳(カリタス)という愛を基礎づけている善の根源である神が優先順位の第一であるとした上で，人が自己を愛するのは当の愛の基礎である善を自ら分有していることによるのに対して，隣人を愛するのはそのような善における交わりという根拠に基づくことを指摘する。つまり，自己愛においては対象である自己は愛することの根拠である善と「一」であるのに対して，隣人愛においては対象である他者は（愛することの根拠である）善と「一」であるのではなく，（善の）共有ないし交わりという仕方で「合一」するにとどまっている。言いかえると，端的な「一」が「一」への何らかの接近である「合一」よりも優越的であるように，自己愛の根拠である善は隣人愛の根拠である善よりもより優越的でより高次の善なのである。

わかり易く言えば，愛の対象である善が最高善であり，善性そのものである神により近いか，遠いかによって，愛の優先順位は定まるのであり，したがって優先順位を守って正しく愛するために何より重要なのは対象はいかなる意味で善であるかを正確に認識することである。トマスがこのテクストの冒頭で人間のうちには霊的本性すなわち内的人間と，身体的本性すなわち外的人間という二つのものがあり，人間が自己自身を愛する，と真実に言われうるのは，内的人間に基づ

---

[4] 『ヨハネ福音書』15, 13.

V　自己知と自己愛

いて愛する場合のみである，と指摘しているのはそのことを指している。

　自己知や自己愛をめぐるトマスの議論を読んでわれわれが第一に気付かされるのは，われわれは個人の尊厳や個性の尊重を声高に叫びながら，自分が一番よく知っているはずの「個人」である「自己」について正しく認識することを全く怠ってきた，ということではないか。健康状態から始めて，私はこの「私」と発声する個人について多くの情報を手にしているが，それはトマスが言う霊的本性あるいは内的人間に基づいて自己を知ることとは全く違う。それらの情報は，自分がどこへ向かって，何のために旅をしているかについては全く無知なままに刻々と変る周りの景色を熱心に，詳細に観察している旅人が手にする情報のようなものである。行方定めぬ旅もあるかもしれない。しかし，本質的に，自己を知るとは旅の目的地と理由を知ることだ，と言うことができるのではないか。旅を快適に，便利なものにすることが旅の目的であるかのような考え方がわれわれの間で広まっている，と考えるのは私の早合点であろうか。

VI

幸福について

1
人間の究極目的

(『神学大全』II-I, 1, 7)

　「究極目的については二つの仕方で語ることができる。一つの仕方は究極目的の本質[1]に基づいてであり、もう一つは究極目的の本質がそこにおいて見出されるところのものに基づいてである。究極目的の本質に関しては、万人が究極目的を欲求することにおいて一致している。万人が自らの完全性が達成されること——これが前述のように[2]究極目的の本質である——を欲求しているからである。しかし、この本質がそこにおいて見出されるところのもの、そのものに関しては万人が究極目的において一致しているわけではない。それというのも、或る者は富をあたかも最終完成的な善として欲求し、これに対して或る者は快楽を、さらに或る者は何か他のものを欲求するからである。それは丁度、すべての味覚にとって甘美なものは悦ばしいが、或る人々にとってはぶどう酒の甘美さが最も悦ば

---

　1) ratio を「本質」と訳したが、ratio は普通「本質」と訳される essentia と違い、あくまで人間の認識能力である「理性」ratio との関わりで語られる「本質」である。「本質」と並んで「概念」「意味」「側面」「定義」「理念」などの訳語が用いられている。
　2) 『神学大全』II-I, 1, 5。

Ⅵ 幸福について

しく,ある人々にとっては蜜の甘美さ,あるいは何か他のそうしたものの甘美さがそうであるのと同じである。とはいえ,最善の味覚を有する者がそれにおいて最大の悦びを覚えるような甘美さ,それこそが端的な意味でより優れて悦ばしいものでなければならない。同様に,よく態勢づけられた情意を有する者が究極目的として欲求するような善こそが最も完全な善でなければならない。」

De ultimo fine possumus loqui dupliciter: uno modo, secundum rationem ultimi finis; alio modo, secundum id in quo finis ultimi ratio invenitur. Quantum igitur ad rationem ultimi finis, omnes conveniunt in appetitu finis ultimi, quia omnes appetunt suam perfectionem adimpleri, quae est ratio ultimi finis, ut dictum est. Sed quantum ad id in quo ista ratio invenitur, non omnes homines conveniunt in ultimo fine, nam quidam appetunt divitias tanquam consummatum bonum, quidam autem voluptatem, quidam vero quodcumque aliud. Sicut et omni gustui delectabile est dulce, sed quibusdam maxime delectabilis est dulcedo vini, quibusdam dulcedo mellis, aut alicuius talium. Illud tamen dulce oportet esse simpliciter melius delectabile, in quo maxime delectatur qui habet optimum gustum. Et similiter illud bonum oportet esse completissimum, quod tanquam ultimum finem appetit habens affectum bene dispositum.

トマス・アクィナスの知恵

　トマスは人間の幸福——人間が究極的にそれをめざして生き，活動している目的に到達する，という意味での幸福——は「神の本質を直接に（知性の目で）見ること[3]」である，と述べている。聖書を読んだことのある人はパウロが『コリント人への第一書翰』の「愛の讃歌」として知られる有名な箇所で「わたしたちは，今は，鏡におぼろに映ったものを見ている。だがそのとき（わたしたちが完全な者になったとき）には，顔と顔を合せて見ることになる」と語っている一節を思い出されるかもしれない。私たちが一生涯，地上の生という旅路をたどっている間，心の奥底でいつもよりすがり，様々のことを請い求めてきたその御方を「顔と顔を合わせて見る」ことが人間の幸福だ，というのである。

　トマスがここで人間の究極目的，その実現（の働き）としての幸福について語っていることは，言葉としては理解できてもそれが具体的にどのようなことであるかは，理解することはおろか，想像もつかない，という読者が多いであろう。天国は善・美を極めた大いなる祝宴，あるいは花咲き鳥囀る楽園にたとえられることが多いが，ここ地上の生においてすでに神の「古くて新しき美[4]」にうたれて神を愛し，顔と顔を合せての出会いを熱望していた者は別として，トマスが提示する人間の幸福に直ちに心から納得する者は少ないであろう。

　しかし，トマスは自らの幸福観と幸福に関する通念との間の落差など眼中にないかのように，人間の意志は自然本性的に，つまり意志の本性に基づいて，それへの到達が幸福で

---

3) 同上，II-I, 3, 8.
4) アウグスティヌス『告白』X, 27, 38.

Ⅵ 幸福について

あるところの人間の究極目的を欲求する,と言明する[5]。それはすべての人間が必然的に幸福を欲する,と言うのと同じことであって,トマスによるとすべての人間が完全な善 perfectum bonum という幸福の一般的な意味に関する限りでは[6],幸福を必然的に ex necessitate 欲しているのである[7]。

ところが,このように人間は必然的に幸福を欲する,と明言するその同じトマスが,人間の現在の生は避けることの不可能な多くの悪の支配下にあり,知性は無知に,意志は無秩序な欲求に,身体は多様な苦痛に悩まされていて,真の完全な幸福を手にすることは不可能だ,と断言する[8]。また人間は自然本性的に究極目的を,そして幸福を欲求する存在であるのに,人間に自然本性からして具わっている能力をもってしては真の完全な幸福に到達することはけっしてできない,というのがトマスの基本的で一貫した立場である[9]。このように見てくると,人間の幸福に関するトマスの見解は明白な自己矛盾と思われる主張の寄せ集めではないのか,彼の知恵の探究とはいったい何であったのか,疑問がわいてくる程である。

実はこうしたトマスの立場が含む明白な自己矛盾と思われるものは,彼の立場の根底にある人間観が十分に理解されていないことから来る誤解であって,それには順を追って答えてゆかなければならないが,上の引用においてトマス自身がそのような誤解に答えるためのひとつの鍵を提示しているの

---

5) 『神学大全』II-I, 10, 1.
6) 同上, 5, 8.
7) 同上, I, 82, 2.
8) 同上, II-I, 5, 3.
9) 同上, 5, 5.

で，まずそれについて述べておこう。それは究極目的を問う二つの仕方の区別であり，つまり究極目的そのものの本質を問うことと，そのような究極目的の本質が真実に見出されるのはどこか，何物においてかを問うことの区別である。第一の問いに対する答えは最高善，あるいはそれに到達すれば善への欲求がすべて完全に満たされるような善，というものであるが，これは単に言葉の上での説明であり名目的定義にすぎない。究極目的は最高善であり，善そのものだ，と言うことは，言葉の言い換えにすぎず，善そのものの実質的な探究は哲学の最大の課題であって，限りなくおし進めなければならないものである。

　これに対して，第二の問いに対する答えは各人の生き方の反映であり，いわば各人が自らの生き方を通じて与えているものである。言いかえると各人が形成する「第二の自然本性」と呼ばれる精神の習慣がその答えである。真実の幸福は何において見出されるのか，という問題をめぐって古来，とくに快楽がそれだと主張する論者とそれを否定する論者との間で激しい論争が行われてきたが，トマスはここでこの問題を理論的に解決することを試みてはいない。彼はむしろ最も洗練された味覚を有する者の判断が味覚に関する事柄においては規準になる，ということに基づいて，「よく態勢づけられた情意を有する者」，つまり究極目的への道である諸々の徳（精神の善い習慣）を身につけた者の判断が規準になるべきだ，という実践的な解答を与えている。これは「人間の幸福――究極目的への到達――とは神の本質の直視である」という明確な主張とはかなり隔った異質な考え方であるとの印象を与える。

　実を言うと，究極目的を問う二つの仕方の各々についてト

Ⅵ 幸福について

マスが与えている答えの異質性，つまり究極目的の本質についての明確な言明と，その究極目的を人々は多様な仕方で追求し，様々の異なったものにおいて幸福を見出しているという現実の指摘，この二つの答えの間の異質性というか，ほとんど矛盾とも言えるコントラストは，当然生ずべくして生じたものである。

　ところで，究極目的，それへの到達としての幸福は各々の人間が自由に，自ら選びとった目的である，という立場をとるかぎり，トマスが言うような究極目的を問う二つの仕方が区別されることはなく，したがってトマスが与える二つの答えの間のコントラストも問題にならない。これに対して，すべての存在するものは神によって，その知恵と愛にもとづいて創造されたことを肯定する者にとっては，人間の究極目的は創造主である神の知恵と愛を反映する人間本性を完全に実現する働きでなければならないことはあきらかであるから，人間の究極目的そのものが何であるかは，人間本性の考察からして明確に認識できるのである。ただし，われわれが究極目的をめざす旅路の「途上に」ある限り，この認識が「鏡におぼろに映ったものを見る」ようなものにとどまることはさきに指摘した通りである。

　他方，ここ地上の生においてわれわれが人間の究極目的をめざして辿る歩みは，われわれ自身の無知と情意のゆがみ，さらに避け難い様々の害悪や苦難のゆえに，多くの誤りや挫折に直面せざるをえない。したがって，人間はその自然本性からして究極目的を追求することへと必然的に秩序づけられているにもかかわらず，富や権力，あるいは名声や快楽が自らの欲求をあますところなく満たしうる最高善であるかのように，それらの所有が幸福への道であると信じている者が多

数を占めているのが現実である。

　このように，すべての人間にとってただ一つの究極目的があるか，という問いに対するトマスの答えがふくんでいるかに見える自己矛盾は，ひとまずは次のように説明できるであろう。人間本性を根源的に神の知恵と愛に基づく創造の業と見る立場からすれば，人間本性の真実で完全な実現としての究極目的・幸福が万人においてただ一つであることは明白である。他方，目的自体は一つであってもそれを誰でも正しく認識しうるのではなく，また目的を実現するための手段はただ一つではなく，各人が自由に選択しうるという立場からすれば，究極目的が多様化されるという見方が成立する。しかし，人間の究極目的・幸福に関するトマスの立場が含むように見える矛盾ないし逆説は，彼の立場の根底にある独自の人間観を考察することなしには適切かつ十分には理解できないものであることを改めて指摘しておきたい。

2
人間は幸福でありうるか

(『神学大全』II-I, 5, 1; 5, 3)

　「幸福とは完全な善に到達することである。それゆえ，完全な善への能力を有する者ならすべて幸福に到達できる。ところで，人間が完全な善への能力を有することは次のことからあきらかである。彼の知性は全的・普遍的で完全な善を捉えることができ，また彼の意志はそれを欲求することができる。したがって人間は幸福に到達することができる。さらにこのことは，第一部で述べたように[1]人間は神の本質を直視できる，ということからもあきらかである。われわれは人間の完全な幸福は，まさしくそうした直視に存する[2]，と述べたのである。」

　「幸福を何らかの仕方で分有することはこの（地上の）生において可能である。しかし完全で真実の幸福をこの（地上の）生で持つことはできない。このことは二つの仕方で考察することができる。第一に幸福というものの共通的な本質そのものからである。幸福とは完全で充足的な善であるから，すべての悪を

---

1)　『神学大全』I, 12, 1.
2)　同上，II-I, 3, 8.

排除し，すべての願望を満たす。ところがこの（地上の）生においてはすべての悪が排除されることはありえない。というのも現在の生は避けることの不可能な多くの悪の下にあるからであって，アウグスティヌスが注意深くつきとめているように，知性の側では無知が，欲求の側では無秩序な情愛が，また身体の側では多様な苦痛が，というふうにである。同様にまた善の願望もこの生においては満足させられることはありえない。というのも，人間は本性的に自らの有する善の永続を願望する。しかし，現在の生の諸々の善は移りゆくはかないものである。すなわち，われわれが本性的に願望し，それが永久に存続することを欲する（なぜなら人間は本性的に死を逃れようとするから）ところの生命そのものも移りゆくものだからである。第二に幸福がまさしくそのことのうちに存するところのもの——すなわち神の本質の直視——を考察した場合にも，第一部で示されたように[3]それはこの生においては人間には到達できないものである。これらのことからして，なんびともこの生においては真実の完全な幸福に到達できないことは疑いもなくあきらかである。」

Beatitudo nominat adeptionem perfecti boni. Quicumque ergo est capax perfecti boni, potest ad beatitudinem pervenire. Quod autem homo perfecti boni sit capax, ex hoc apparet, quia et eius intellectus apprehendere potest universale et perfectum bonum,

---

3) 同上，I, 12, 2.

et eius voluntas appetere illud. Et ideo homo potest beatitudinem adipisci. Apparet etiam idem ex hoc quod homo est capax visionis divinae essentiae, sicut in Primo habitum est; in qua quidem visione perfectam hominis beatitudinem consistere diximus.

Aliqualis beatitudinis participatio in hac vita haberi potest: perfecta autem et vera beatitudo non potest haberi in hac vita. Et hoc quidem considerari potest dupliciter. Primo quidem, ex ipsa communi beatitudinis ratione. Nam beatitudo, cum sit perfectum et sufficiens bonum, omne malum excludit, et omne desiderium implet. In hac autem vita non potest omne malum excludi. Multis enim malis praesens vita subiacet, quae vitari non possunt, et ignorantiae ex parte intellectus, et inordinatae affectioni ex parte appetitus, et multiplicibus poenalitatibus ex parte corporis; ut Augustinus diligenter prosequitur. Similiter etiam desiderium boni in hac vita satiari non potest. Naturaliter enim homo desiderat permanentiam eius boni quod habet. Bona autem praesentis vitae transitoria sunt, cum et ipsa vita transeat, quam naturaliter desideramus, et eam perpetuo permanere vellemus, quia naturaliter homo refugit mortem. Unde impossibile est quod in hac vita vera beatitudo habeatur. Secundo, si consideretur id in quo specialiter beatitudo consistit, scilicet visio divinae essentiae, quae non potest homini provenire in hac vita, ut in Primo ostensum est. Ex quibus manifeste apparet quod non potest aliquis in hac vita veram et perfectam beatitudinem adipisci.

　人間は幸福でありうるか，という問いは現代のわれわれには奇妙に響く問いであろう。幸福を追求する権利は生命，自由と並んで，人間から決して奪うことの許されない基本的な権利と見なされている。幸福であることは人間であることから決して切り離すことのできない権利なのであって，あたかも幸福は到達困難な目標であるかのように，人間は幸福でありうるのか，と問うのは無意味だ，と考える人が多いのではないか。しかし，アリストテレスの『ニコマコス倫理学』を読む人が強烈に印象づけられることだが，幸福は決してありきたりの善ではなく，人間が自らの最高の能力を，最高の仕方で行使することによって実現され，到達される最高の善だ，というのがアリストテレスの立場であった。トマスもその点ではアリストテレスと同じ考えである。もしそうであるならば，「人間は幸福でありうるか」という問いは奇妙な問いではなく，「人間いかに生きるべきか」「善く生きるとはどういうことか」などの問いと同じことを別の角度から問うていると考えるべきではないのか。
　トマスの「人間は幸福でありうるか」という問いを適切に理解するために見落としてはならないもう一つの点は，彼が人間を諸々の知性的ないし精神的存在の領域のなかで最低の段階に位置づけ，極めて不完全な知的存在と考えていただけでなく，ここ地上の生という旅路の全体を通じて自らを人間として根元的に完成しなければならないような，極度に未完成な存在として理解していたことである。われわれは並外れ

VI　幸福について

た身体的ないし精神的能力や技能を目撃してその超人的な完成度に驚嘆することが多いが，トマスが考えているのは「人間である」ことにおける，あるいは人間として「善くある」ことにおける未完成，そしてその完成としての幸福であり，そのことを適切に理解しない限り「人間は幸福でありうるか」という問いの意味を理解することはできない，と言うべきであろう。

しかし，旅人である人間がめざすべき——トマス自身の表現によると人間が本性的・必然的に意志している——そして旅路の終点として辿りつくべき目的地についてのトマスの言葉は意外なほど単純である。彼によると，それは「完全な善」あるいは「完全で十分な善」であり，人間の知性はそれを捉えることができ，また人間の意志はそれを欲求することができる。そして，それが万人が一致して欲求している究極目的ないし幸福の本質だというのである。おそらく，トマスの幸福観に関心を抱いて探求を始める人の多くが，幸福の本質についてのこのような単純極まる言葉に出会うと，驚きと共に失望を経験するのではないか。

ところで，人間の究極目的ないし幸福の本質は「完全な善」という単純な言葉で言い表わすことができたとしても，そのような「完全な善」をめざして人間が辿る道は，様々の困難と挫折に満ちており，前述のようにアリストテレスによると人間の最高の能力を最高の仕方で行使できるような生来の資質と幸運に恵まれた者は現実には極めて限られているから，「完全な善」に到達して幸福でありうる者はごく少数の「選ばれた者」に限られるかもしれない。

トマスも人間の究極目的・幸福の本質についての単純極ま

123

る言明とは対照的に、そのような目的地をめざしてわれわれが辿るべき旅路が様々な困難と挫折に満ちていることを指摘しており、その点はアリストテレスと同様である。ただ、アリストテレスと根本的に異なるのは、トマスの幸福観の根本的前提である人間理解は、アリストテレスがそれこそ夢にも知るよしのなかった人間に対する神の特別な愛、すなわち自然本性の秩序を超える恩寵を視野に入れることによって成立しているという点である。ここで言う「神の特別な愛」とは神が自らの幸福を人間とわかちあうことによって成立する友愛[4]amicitiaであるが、アリストテレスにとっては、神が自らと人間との間の大いなる隔たりを、自らをむなしくする愛によって取り除き[5]、かくして神と人間の間に友愛が成立することなどありえない、と思われたのである[6]。

このようにトマスにおいて人間は自然という領域ないし秩序の内部においてのみでなく、自然を超えつつも「自然を廃棄するのではなく、むしろ予想し、完成する」[7]恩寵の秩序において理解されていることに対応して、そのような人間の自然本性の究極的な完成としての幸福も、恩寵によって到達されうるものへと高められた。すなわち、アリストテレスが考えた「人間の最高の能力の最高の仕方での行使」である観想活動を超えて、恩寵によって神的本性に与(あずか)ることを許された者にのみ可能な神の本質の直視に[8]人間の幸福は存するとされたのである。そしてこの「真実で完全な幸福」への到達

---

4) 『神学大全』II-II, 23, 1.
5) 『フィリピ人への書翰』2, 7.
6) 『ニコマコス倫理学』1159a5.
7) 『神学大全』II-I, 8, 8, ad 2.
8) これも観想の一種であるが、後で述べるように現世の観想活動とは区別される。

Ⅵ　幸福について

は，アリストテレスが考えたようにごく少数の選ばれた者のみに限られてはいなかった。たしかに「神の本質の直視」は「単なる人間にとっては彼がこの可死的な生から離れない限り不可能である[9]。」しかしトマスによると，アリストテレスとは全く対照的に，少数の卓越した資質と幸運に恵まれた者ではなく，すべての人間が現在の生において恩寵の賜物である愛によって神と合一することができ，その実りとして来世において神の本質の直視という幸福を永遠に享受することが可能だ，というのである。

　さきに第Ⅰ部１章で見たように，トマスは知恵の探究こそは人間が行うすべての探究のうちで最も完全，最も崇高，有益で，しかも最も悦ばしいと確信していたし，さらに彼にとって知恵の探究はその最高の段階においてアリストテレスの言う観想活動であり，トマスが人間の真実で完全な幸福であるとした神の本質の直視の予感とも言えるものであった。ところがその同じトマスが，真実で完全な幸福に到達するためにわれわれがここ地上の生において為すべき最も重要なこととして強調したのは恩寵の賜物である愛によって神と合一すること，具体的には，「われわれにとって神へと到る道であるキリスト[10]」に従って歩むという一つのことであった。

　このように，トマスは一方において，人間がここ地上の生において到達しうる幸福——それは不完全ではあるが，決して虚偽の幸福ではない——は，アリストテレスが『ニコマコス倫理学』で説いたように人間の最高の能力を最高の仕方で

---

[9] 『神学大全』Ⅰ, 12, 11.
[10] 同上，Ⅰ, 2 序言。

行使する働き，すなわち神的な事柄の観想であることを肯定し，そのような観想に専念する生を活動的な生よりも端的により優れていると主張していた[11]。それは確かに人間の真実で完全な幸福のここ地上の生における分有なのである。しかし他方，人間が真実で完全な幸福を永遠に享受するためにここ地上の生で何よりも第一に実行すべきことは愛(^{カリタス})による神との合一であり，より具体的には「道」であるキリストに従って生きることだ，というのがトマスの根本的立場であった。

そこにはこれまで度々触れたトマス思想の特色とも言うべき逆説，もしくは自己矛盾的とも思える言明のもう一つの例が姿を現している。どうしてトマスはここ地上の生においてわれわれが経験する神的な事柄の観想という不完全な幸福が来世における神の本質の直視という完全な幸福の前段階であり，不可欠な準備である——あたかもオーケストラが前もって積み重ねるリハーサルが本番の演奏に向けての準備であるように——と言わなかったのか。どうしてトマスは幸福そのものと幸福に到達するための道との間に連続性ではなく断絶とも言える落差を置いたのか。

この問題については詳しく考察したことがあり[12]，ここでは繰り返さない。確かなことは，トマス自身はこのことを断絶とは受けとめていなかったということである。トマスによると神を見る能力が人間知性に属するのは人間自身の自然本性に基づいてではなく，恩寵である栄光の光によるものであるが「栄光の光をより多く分有する者とはより多くの愛(^{カリタス})を有

---

11) 同上，II-II, 182, 1.
12) 拙著『トマス・アクィナス倫理学の研究』九州大学出版会，1997年，拙著『トマス・アクィナス《神学大全》』講談社，2009年，第6章「すべての人が幸福を欲しているか」。

する者である。それゆえより多くの愛を有する者こそより完全に神を見て，より幸福になるのであろう[13]。」恩寵の秩序のうちで人間の幸福を考察したトマスにとって，人間知性の最高の働きである神の本質の直視は，いわば愛(カリタス)の実りにほかならなかったのである。

---

[13] 『神学大全』I, 12, 6.

3
万人が幸福を欲するか

(『神学大全』II-I, 5, 8)

　「幸福は二つの仕方で考察することができる。一つの仕方は幸福の共通的な意味に即してである。そしてこの意味では万人が幸福を必然的に意志する。前述のように[1]，幸福の共通的な意味は完全な善であるということである。ところで善は意志の対象であるから，或る者の完全な善とは彼の意志を全面的に満足させるものである。ここからして幸福を欲するとは意志が満足させられることを欲することに他ならない。これは誰でもが欲することである。第二にわれわれは特殊的意味に即して幸福について語ることができる，つまり幸福がそれに存するところのものに関する限りで。そしてこの場合には万人が幸福というものを認識していることにはならない，なぜなら幸福の共通的な意味がいかなる事物に属するのかを知らないからである。したがってこの意味では万人が幸福を意志しているのではない。」

　Beatitudo dupliciter potest considerari. Uno modo,

---
[1] 『神学大全』II-I, 5, 3, 4.

Ⅵ 幸福について

secundum communem rationem beatitudinis. Et sic necesse est quod omnis homo beatitudinem velit. Ratio autem beatitudinis communis est ut sit bonum perfectum, sicut dictum est. Cum autem bonum sit obiectum voluntatis, perfectum bonum est alicuius, quod totaliter eius voluntati satisfacit. Unde appetere beatitudinem nihil aliud est quam appetere ut voluntas satietur. Quod quilibet vult. Alio modo possumus loqui de beatitudine secundum specialem rationem, quantum ad id in quo beatitudo consistit. Et sic non omnes cognoscunt beatitudinem, quia nesciunt cui rei communis ratio beatitudinis conveniat. Et per consequens, quantum ad hoc, non omnes eam volunt.

「万人が幸福を欲するか」という問いは，一般に幸福論が「万人が幸福を欲している」という前提から出発して，ではどうして或る人々が幸福を享受しないということが起こるのか，どうすれば確実に幸福を手にすることができるのか，という風に論を進めることへの疑問として，幸福論の始めの部分に置かれているのであれば，別に問題はないかもしれない。ところがトマスは人間の幸福についての様々な見解を検討した上で，幸福とは何であるのか，幸福であるための必要条件，そして幸福への到達をめぐる様々な問題を詳細に考察した末に，「万人が幸福を欲するか」という問いで唐突に幸福論を閉じているのである。

　これは議論を出発点にひきもどしてしまうものとも，あるいはもっとあからさまに言えば，それまでの議論の全体を帳

消しにしてしまうものとも言える問いではないだろうか。アリストテレスも『ニコマコス倫理学』第一巻で最高善としての幸福について論じ，最終巻で幸福についての議論に立ち帰っているが，その内容はあきらかに幸福をめぐる議論の完結を示している。これに対して，トマスは『神学大全』第二部の冒頭の五つの論題を幸福の考察に宛て，それを「万人が幸福を欲するか」という場違いな問いで閉めくくった後，行為論や詳細な徳論など「倫理的領域[2]」materia moralis に属する事柄を考察している。ところが，トマスは内容的にアリストテレスの『ニコマコス倫理学』に対応する『神学大全』第二部「倫理的領域」の終りで幸福についての考察に立ち帰ってはいない。このことを問題視したトマス研究者が他にいるのか私は確かめたことはないが，アリストテレスの倫理学との比較で言えば，確かに注目に価する相違である。

ではこの相違はどこからきたのであろうか。私はそれはトマスが人間の究極目的・最高善への到達としての幸福を自然本性の秩序を超える恩寵の秩序で考察したことに基づく相違であると解釈する。アリストテレスは神的な事柄に心を開きつつも[3]，自然本性の秩序の内部で幸福を理解したので，その議論は『ニコマコス倫理学』において完結したのである。これに対して，トマスは『神学大全』第二部の末尾で，神の本質の直視という完全な幸福の享受と永遠の安息について詳細に論述したのではなく，むしろわれわれが神へ到り着くための道であるキリストの導きを請い求める祈りを唱えたのである[4]。これは真実で完全な幸福への到達はいかなる人間に

---

2) 同上，II-II, 1 序言。
3) 『ニコマコス倫理学』1177b25-1178a8.
4) 『神学大全』II-II, 189, 10.

VI 幸福について

とってもここ地上の生という旅路においては不可能であるように、幸福論もまた未完結に終らざるをえないことを暗示するものではないだろうか。

「万人が幸福を欲するか」という問いに対するトマスの答えは、意外なほど単純であり、幸福の本質ないし共通的な意味と、そこにおいて幸福の本質が見出されるところのものとの区別に基づいて、前者に関しては然り、後者に関しては否と答える、という内容である。この区別は本章の始めに引用した「万人の究極目的は一つであるか」という問いの冒頭の究極目的についての二つの語り方の区別と内容は全く同じものである。したがってここでもわれわれは、一方で万人が幸福を欲していると明確に肯定しながら、人々が幸福を多種多様な仕方で追求し、様々の異なったものにおいて幸福を見出しているという現実に直面するとき、多くの人々は真実の完全な幸福を知らないのであり、その意味では万人が幸福を欲しているのではない、と認めざるをえないのである。

ただし、これは「万人が幸福を欲している」と「ある人は幸福を欲していない」という単純な論理的矛盾ではない。トマスが言及している区別はそのことをはっきり示すためのものであった。他方、「万人が幸福を欲している」という肯定と「万人が幸福を欲しているのではない」という否定の両方を認めざるをえない、ということは人間の幸福という問題の中核とも言える不思議さであって、トマスが「万人が幸福を欲しているか」という問いで『神学大全』の幸福論を閉じたのは、彼がこの不思議さに気付いていたことを示すものであった。私がそのように考える理由は、トマスも読んだに違いないアウグスティヌス『三位一体論』第十三巻第四章冒頭

の次の一節に注目したことによる。「幸福を手に入れて失うまいとする意志は万人において一つであるのに，幸福そのものについてはかくも甚だしい多種多様な意志がどこからくるのか不思議なことだ。」つまり，このような幸福を求める意志の多様性は，或る者は幸福を意志していない，ということではなく，万人が幸福を知ってはいない，ということだ，とアウグスティヌスは問題の核心を洞察していたのである。そしてこの洞察を共有していたトマスは，この問いの後も真実の完全な幸福に到る道を探究し続けたのである。

VII

人間の自由について

1
人間は自由であるか

（『神学大全』I, 83, 1）

「人間は自由に決定し・行動する。そうでなければ助言，戒律，禁止，褒賞，刑罰は無意味なものだったであろう。このことをあきらかにするためには，石が下方に動き，認識を欠くすべてのものが同様の仕方で動くように，或るものは判断することなしに働きを為すことを見てとらなければならない。これに対して諸々の非理性的動物は判断して行動するが，その判断は自由ではない。というのも羊は狼を見ると自然本性的な判断をもって——自由な判断ではなく——逃げなければならぬと判断するからである。なぜならこのことを判断するのは考えめぐらすことによってではなく，自然本性的なうながしによってだからである。非理性的動物の判断すべてについて同様のことが言える。しかし人間が判断をもって行動するのは認識のちからによって或るものを避けるべきか，もしくは追求すべきかを判断するからである。ところが，この判断は特定の実践的な事柄についての自然本性的なうながしに由来するものではなく，理性が何か考えめぐらすことによるものであるから，人間は自由な判断をもっ

Ⅶ 人間の自由について

て行動し，行動するにあたり様々な方向へ向かうことができるのである。というのも，理性は非必然的な事柄に関しては，弁証的三段論法やレトリック的な説得の場合にあきらかなように，対立的結論のいずれにも向かいうるからである。ところが特定の実践的な事柄とは何か非必然的な事柄である。したがってそれらに関しては理性の判断は様々のことへと関係づけられるのであって，一つのことに確定されてはいない。つまり人間は理性的であるというまさにそのことからして，その限り人間は自由に決定し・行動するものでなければならない。」

Homo est liberi arbitrii. Alioquin frustra essent consilia, praecepta, prohibitiones, praemia et poenae. Ad cuius evidentiam, considerandum est quod quaedam agunt absque iudicio, sicut lapis movetur deorsum; et similiter omnia cognitione carentia. Quaedam autem agunt iudicio, sed non libero, sicut animalia bruta. Iudicat enim ovis videns lupum, eum esse fugiendum, naturali iudicio, et non libero, quia non ex collatione, sed ex naturali instinctu hoc iudicat; et simile est de quolibet iudicio brutorum animalium. Sed homo agit iudicio, quia per vim cognoscitivam iudicat aliquid esse fugiendum vel prosequendum. Sed quia iudicium istud non est ex naturali instinctu in particulari operabili, sed ex collatione quadam rationis; ideo agit libero iudicio, potens in diversa ferri. Ratio enim circa contingentia habet viam ad opposita; ut patet in dialecticis syllogismis, et rhetoricis persuasionibus. Particularia autem operabilia sunt quaedam contingentia. Et ideo circa ea iudicium rationis ad diversa se habet, et non est determinatum ad unum. Et pro tanto necesse est quod homo sit liberi arbitrii, ex hoc ipso quod rationalis est.

1. トマスは人間が自由であること，つまり自由に選択・決定し，行動する能力である「自由意思」liberum arbitrium を有することを一貫して明確に論証し，主張しているが，その立場を正しく理解するためには，彼が「人間の自由」を問い・理解する「場」は，近・現代において「人間の自由」が問われ・理解される場とは微妙に，しかし根本的に異なっていたということに注意する必要がある。この違いは解り易く言えば，「自由」がそれとの対比において理解される「自然」の違いに由来する。つまり近・現代において人間は根本的に目に見える，物体的な事物から構成される世界，自己完結的領域としての自然に属するものとされ，そのような「自然」が「場」として考察される。これに対して，トマスが人間をそこにおいて考察した「場」としての「自然」は見えるものと見えざるものをふくむ，すべての被造物の世界であり，被造物である限り，創り主，すなわち万物の存在の第一根源であり，究極目的である神に秩序づけられ，この秩序に基づいて理解すべき領域であった。そのことに対応して，人間の「自由」も，言葉は同じ「自由」libertas でありながら，その意味はかなり異なったものとなったのである。

その違いが最も明白に見てとられるのは，トマスによると

Ⅶ 人間の自由について

人間が何らかの善いものを自由に選択するという働きのすべてが、善そのもの（最高善）である究極目的の欲求を前提とし、それに基づいて成立するのであるが、究極目的の欲求は決して「自由」ではなく、むしろ自然本性的であり、必然的である、という主張であろう[1]。つまり人間の意志の最も根源的な働きは「自由」ではなく、むしろ「自然必然的」だ、というのである。言うまでもなく、この場合の「必然性」は「自由」と矛盾対立する「反自然」violentia としての必然性ではなく、むしろ人間の自由を基礎づける知的ないし理性的な自然本性そのものを指しているのであるが。

したがって、トマスは人間の意志という能力は自由に選択し・行動しうることを何の疑いも容れない明白な真理として主張したが、意志のすべての働きが「自由」であるとは決して考えなかった。その意味で、人間の意志が彼の一世代後のドゥンス・スコトゥス以後の神学者たちが主張したように「自由な能力」potentia libera であることを本質とするとは考えなかった。トマスの立場はカントの「自由」概念と比較することでその特徴を明確にすることができる。

カントの自由は「自律」すなわち意志の自己立法であり、自らが制定した法にのみ従うところで成立するものであるが、トマスにとって有限な被造物である人間にそのような自律を認めることは不可能であり、人間の自由は最高善である究極目的の自然本性的・必然的な欲求という意志の根源的な働きを前提とする、と考えたのである。言いかえると、人間の自由は理性が意志の直接の対象である特定の善いものだけ

---

1) 「自由」に対立する自然（必然）ではなく、むしろ「自由」の成立根拠としての自然・必然であり、「自由」のための場を拓く自然本性である。『神学大全』Ⅰ, 81, 1, ad 3; 2.

でなく，最高善である究極目的をも認識しうることによって，「自由」のための「場」つまり究極目的に到達するための多様にして選択可能な手段である特殊な善いものを認識する場が開かれたことを前提とする，というのがトマスの根本的立場であった。

2. トマスはここで引用した『神学大全』では人間の自由を人間が理性的であることからの論理的帰結として説明し，自由な選択・決定の根拠は一つのことに確定されていない「自由な」判断であり，非理性的動物の場合のように「自然本性的なうながし」（いわゆる「本能」）にもとづく，一つのことに確定された判断ではない，という議論で人間の「自由」を論証している。しかし，おそらくトマスのこの論証は多くの人々に不十分なものと映るであろう。なぜなら，理性は始めから自然本性的なうながし（本能）によって一つの選択肢に確定されているのではなく，様々のそれぞれの仕方で「善い」選択肢へと開かれた「自由な」判断を下しうるとはいえ，最終的に行動に移るさいの判断は何らかの原因によって確定されるのであり，その判断が「自由」と見なされるのはわれわれが当の原因を知らないからではないのか，という疑問が残るからである。

しかし，トマスが『神学大全』でこのような簡略な論証を与えるにとどまっているのは，実は初期の著作『真理について』において「自由な判断」についてより詳細な説明を与え，人間の自由を十分な仕方で論証した，と考えていたからであると思われる。この論証は『真理について』第二十四問題第一項「人間は自由意思を有するか」の主文を締めくくるものであり，次のように進められる。

Ⅶ 人間の自由について

「したがって物事を直(ただ)しく考察する者には,運動・変化や活動が生命なき自然的物体に帰せられている仕方と同じ仕方で,非理性的動物には為すべきことについての判断が帰せられていることはあきらかである。というのも重いものや軽いものは,そのことによって自らの運動の原因となるかのような仕方で自分自身を動かすのではないからであって,そのように非理性的動物も自らの判断について判断するのではなく,他者によって自分に植えつけられた判断に従うのである。このようなわけで,それらは自らの選択・決定の原因ではないし,また自由意思を有するのでもない。これに対して,人間は為すべき事柄について判断する理性のちからによって,目的および目的に向けられた事の意味,ならびに後者の前者に対する関係や秩序づけを認識する限りにおいて,自らの選択・決定についても判断することができるのである。したがって,人間は行動することにおいてのみでなく,判断することにおいてもまた自分自身の原因なのである。このようなわけで,人間はあたかも為すことについても為さないことについても自由な判断を下しうる,と言われるかのような仕方で自由意思を有するのである。」

私の見るところ,この論証は自由意思,ないし人間の自由についての最も徹底的な分析であり,「物事を直しく考察する者」recte considerans である限り,この論証が人間の自由の本質についての洞察を与え,そのことによって人間が自由に選択・決定して行動する能力——自由意思——を有することの確信を与えうるものであることを認めるに違いない,と考える。この論証の要点は,人間が「自由な判断」をもって

行動する，と言われるさいの「自由な」の意味を明確にしていることであるが，それは人間が為すべき事柄について下す判断について判断しうることに基づいて説明される。つまり，人間が為すべき事柄について下す判断は多様な，特殊的な善さに関わっているが，そのような判断について人間が判断しうるのは，人間が理性的であることによって，それら諸々の特殊的な善さの根源であり根拠である善そのもの，すなわち（究極）目的を認識しうるちからを有するからである[2]，というのがトマスの論証の中核とも言うべき洞察である。

逆説的な言い方をすると，人間は理性によって自然本性的・必然的に，自らの生の全体がその実現へと秩序づけられている究極目的・善そのものを認識しうることが，人間の自由を成立させる根拠である。つまり人間の意志は善そのもの，最高善である究極目的への欲求へと必然的に確定されているがゆえに，他のすべての特殊的な善いものの選択的欲求において自由でありうるのである。したがって，何らかの不可知論に惑わされて，人間理性がいわば自由の領域の究極にある善そのものを認識しうることを否定する者は，人間の「自由」の真の意味を理解することができず，自由を理論的に根拠づけることもできないのである。

3. 冒頭の『神学大全』には「人間が自由意思を有しなかったならば『助言，戒律，禁止，褒賞，刑罰』など人間の道徳的生活の維持のために必要不可欠なものが無意味となろう」と簡単に記されているが，『真理について』においてはより

---

2) 同上，II-I, 13, 6.

VII 人間の自由について

詳細かつ体系的に，人間が自由意思を有することは「信仰」がそれを認めるよう迫り，「顕著なしるし」がそのことを教え，「明白な論理」に強制されるがゆえに，すべての疑いが消え失せるのだ，と主張されている。

最後期の著作とされる『定期討論集 悪について』第六問題「人間的選択について」（De Electione Humana）での「人間の意志は或ることを選ぶことへと必然性からして動かされる」という見解は「功徳や反功徳ということの根拠を破壊するので異端的 haeretica であり……さらに，信仰のみならず道徳哲学のすべての原理（熟慮，勧告，戒律，刑罰，賞讃，非難など）をくつがえすものなので……変化・運動をすべて否定する見解と同様，「論外な」extranea 見解である」と言われている。

しかし，人間が自由に選択・決定する能力を有することの否定は，「直しく考察する者」にはいかに「論外」な誤りであっても，人間の自由意思による自由な選択と見えるものは実は何らかの外的な原因による確定についての無知によるものであるとの見解（『悪について』においてはそうした異論が二十四個紹介されている）は根強く，広く支持されてきた。トマス自身も意志による選択の自由を否定しているのではないかとの嫌疑を受けたことがあり[3]，後期の著作においては，意志はその対象に関しては（最高善である究極目的ないし幸福の場合）必然性によって動かされることがあるとはいえ，意志の行為の実行 exercitium に関する限り，決して，いかなる場合においても必然性に支配されることはない，と強調し

---

3) 拙著『トマス・アクィナス』講談社学術文庫，1999 年，197 ページ。

141

ている。

　ここで改めて強調しておきたいのは、トマスが人間の意志が自由な選択・決定をなしうることの論証として提示しているのは、意志があらゆる意味の必然性によって拘束されていないことを明示する議論ではなく、むしろ理性があらゆる特殊的な善をも超越する、善そのもの、ないし最高善である究極目的を認識しうることによって、特殊的な善に関わる選択の自由の領域が確保されることを示す議論であった、ということである。これに対して近代思想における人間の自由をめぐる議論は、人間がそこに存在し、生き、そこにおいて行動するとされる、目に見える物体的事物の世界としての「自然」という「場」において、そのような「自然」との関係において自由を捉えているため、自由は専らそのような、何らかの意味で必然性の制約の下にある自然からの解放ないし超越として理解されるにとどまっている。

　人間を目に見える物体的事物の世界としての「自然」という場で捉える立場は、感覚的経験によって検証されえない事柄ないし領域の認識を、人間的認識の射程から排除する立場であり、不可知論と呼ぶことができるが、それはトマスが人間の自己および自己を超えるより高次の存在の認識に関して表明した、時として極端な無知の強調とは同一視できない。トマスは一方において自己および自己を超える神的な事柄についてのわれわれの認識の限界や不完全性を指摘したが、それらの認識が人間にとって最も重要であり、価値あるものであることを強調したからである。そして、感覚的経験によって検証することの不可能な、その意味で人間的認識の限界を超えている事柄についての認識――形而上学的認識とは本来そのようなものである――の重要性と価値を認めることは、

Ⅶ　人間の自由について

知恵の探究にとっては不可欠の条件なのであり，人間の自由についてのトマスの議論はそのことを明白に教えているように思われる。

2

悪を選択する自由

(『真理について』XXII, 6)

　「意志は必然性に支配されない限りで自由であると言われるのであるから，意志の自由は三つの観点から考察されるであろう。一つは意志することも意志しないこともできる限りにおいて，働きに関して。つぎにこれをもあれをも，反対・対立するものでも意志しうる限りで，対象に関して。第三に善あるいは悪を意志しうる限りにおいて，目的への秩序づけに関して。これら三つの点の第一に即して言えば，自然本性のいかなる境位[1]においてもいかなる対象に関しても意志のうちには自由がある。というのは，いかなる意志の働きも，いかなる対象に関しても自らの権能を保有するからである。しかし，これらの第二の自由は何らかの対象，つまり目的そのものに関してではなく，目的の

---

1) ここで「境位」と訳した status は，「人間である」という自然本性を有する者，人間が自らをそこにおいて見出す或る持続的な状態ないし段階を意味し，「身分」「地位」と訳されることもある。ここで考えられているのは「現在の生の境位」status hujus vitae と「将来の栄光の境位」status futurae gloriae である。トマスによると status（立つこと）は固有的には，人がその自然本性の様式に従って置かれる不動性を伴う姿勢の特異性を表示する。『神学大全』II-II, 183, 1.

Ⅶ 人間の自由について

ためにあるところのものに関して,そしてまた自然本性のあらゆる境位に即して成立する。第三の自由はあらゆる対象に関してではなくそのなかの或るもの,すなわち目的のためにあるところのものに関してであり,またいかなる自然本性の境位に関してもというのではなく,欠如することがありうるような自然本性の境位[2]のみに関係している。というのも,至福な者たちにおいてあきらかなように[3],把捉し・比較することにおいて何の欠陥もないところでは,目的のためにあるところのものに関しても悪を意志することはありえないからである。こうした事情のゆえに,悪を意志する働きは自由ではなく自由の部分でもないが,自由の何らかの徴しではある,と言われている。」

Cum autem voluntas dicatur libera, in quantum necessitatem non habet, libertas voluntatis in tribus considerabitur: scilicet quantum ad actum, in quantum potest velle vel non velle; et quantum ad obiectum, in quantum potest velle hoc vel illud, etiam eius oppositum; et quantum ad ordinem finis, in quantum potest velle bonum vel malum. Sed quantum ad primum horum inest libertas voluntati in quolibet statu naturae respectu cuiuslibet obiecti. Cuiuslibet enim voluntatis actus est in potestate ipsius respectu cuiuslibet obiecti. Secundum vero horum est respectu quorumdam obiectorum, scilicet

---

[2] すなわち「現在の生の境位」。
[3] すなわち「将来の栄光の境位」。

respectu eorum quae sunt ad finem, et non ipsius finis; et etiam secundum quemlibet statum naturae. Tertium vero non est respectu omnium obiectorum, sed quorumdam, scilicet eorum quae sunt ad finem; nec respectu cuiuslibet status naturae, sed illius tantum in quo natura deficere potest. Nam ubi non est defectus in apprehendendo et conferendo, non potest esse voluntas mali etiam in his quae sunt ad finem, sicut patet in beatis. Et pro tanto dicitur, quod velle malum nec est libertas, nec pars libertatis, quamvis sit quoddam libertatis signum.

われわれはこんにち「悪を選択する自由」があることは自明の理であり，意志による自由な選択と言えば，それが善のみに関わることはありえない，そのような選択の自由の捉え方は自由の恣意的な制限であり，自由の否定である，と考えている。したがって，上の引用の最後の部分で「悪を意志する働きは自由ではない」と言われている——これはアンセルムスの『選択の自由について』の冒頭からの引用であるが——のを読んで奇妙だ，ほとんど不可解だ，と感じない人は少ないであろう。このように感じた人がアンセルムスの『選択の自由について』を最後まで読んで，「選択の自由」の完全な定義は「意志の直しさを直しさそれ自体のゆえに保つ力」potestas servandi rectitudinem voluntatis propter ipsam rectitudinem である，という説明に行きついた時には，疑問が氷解して「これこそ選択の自由」の核心をつくものである，と納得する人はむしろ稀で，当初の困惑が極限に達する場合が多いのではなかろうか。

VII 人間の自由について

　微妙な違いのようであるが，トマスは人間が悪を意志し，悪を行うことを否定しているのではない。人間の意志は確かに悪を選択する——あまりにも屡々——のであるが，「自由に」つまり「自由意思を行使して」選択するのではない，むしろ「自由意思を乱用 ab-usus して」，ということは「自由意思を用い損ねて」悪を選択する，というのがトマスの立場である。そしてこれがアンセルムスの（選択の自由の）定義であり，さらに遡ってアウグスティヌスが『自由意思論』において確立した立場であると言える。「自由意思を乱用する」意志とは倒錯し，歪められた意志であり，「倒錯した意志」が悪を為すことの原因なのであるが，そのような悪ないし罪の原因である意志の倒錯を生ぜしめる原因をさらに追求することは無意味である，というのがアウグスティヌスの洞察であり，アンセルムス，トマスはそれを受け容れ，継承している。そして悪を意志する働きは「自由ではないが自由の何らかの徴しである」という謎めいた言葉はそのような洞察に基づくものなのである。

　アウグスティヌスは『自由意思論』のなかの一つのクライマックスとも言える箇所[4]で，罪の原因は倒錯した意志，つまり常に固着すべき不可変なる善から離反して可変的な善へと転向した意志であることをつきとめた上で，対話相手のエヴォディウスに，「この離反・転向の原因を尋ねる貴方に私が『知らない』と答えたならば，多分貴方は落ちこむだろうが，私は真実の答えをしているのだ，なぜなら虚無であるところのことは知りえないからだ」と言明している。つまり，この離反・転向という動きは意志がその自由を行使すること

---

4) De Libero Arbitrio, II, 20, 54.

による動きというよりは、欠如的な動きであり、そしてすべての欠如は虚無に由来するのだから、知らないとしか言い様がないのである[5]。

このように見てくると、悪を意志する働きは「自由ではないが自由の何らかの徴しである」という謎めいた言葉の意味もはっきりするであろう。トマス自身「悪を選びうることは自由意思の本質(ラチオ)に属することではなく、自由意思が欠如への可能性をふくむ被造的な自然本性のうちにある限りで、自由意思にともなって生じてくることなのである[6]」と説明している。つまり、悪を選ぶ意志の働きは、欠如的な働きであり、意志がその自由を行使して行う働きではなく、むしろ意志はその自由を行使し損ねているのであり、自由の行使が欠如しているのである。しかし、この欠如的な働きは意志が自由に選択するちからを有するのでなければありえなかった限りにおいて、それは自由の何らかの徴しだと言える、とトマスは考えたのである。

---

5) *Ibid.*
6) 『定期討論集 真理について』XXIV, 3, ad 2.

3
意志と神

(『神学大全』II-I, 10, 4)

「意志は神である外的動因によって必然的に動かされるか。ディオニシウス[1]が『神名論』第四章で述べているように、神の摂理には諸々の事物の自然本性を損なうのではなく、保全することが属する。ここからして、〔神は〕すべてのものをそれらが置かれている条件に従って動かすのであって、必然的な原因からは神の動かしによって必然的に結果が生じてくるのであり、非必然的な原因からは非必然的な結果が生じてくる。このようなわけで、意志は一つのことへと確定された能動的根源ではなく、多くのことへ無差別的に関係づけられているのであるから、神は意志を必然的に一つのことへ確定するような仕方で動かすのではなく、自然本性的にそれらへと動かされるような事物の場合を除けば、意志の運動は必然的ではなく、非必然

---

[1] 使徒パウロがアテネのアレオパゴスで行った説教によって回心したと『使徒行録』第17章第34節に記されているディオニシウスその人と伝えられて来た。この後パリの初代司教となり、モンパルナスの丘で殉教したと伝えられたが、実際は6世紀シリアの修道士で、中世思想に大きな影響を与えた『神名論』『神秘神学』『天上位階論』『教会位階論』などの著書がある。

的なものにとどまるのである。」

Utrum voluntas moveatur de necessitate ab exteriori motivo, quod est Deus. ... Sicut Dionysius dicit, IV cap. *De Div. Nom.*, ad providentiam divinam non pertinet naturam rerum corrumpere, sed servare. Unde omnia movet secundum eorum conditionem, ita quod ex causis necessariis per motionem divinam sequuntur effectus ex necessitate; ex causis autem contingentibus sequuntur effectus contingentes. Quia igitur voluntas est activum principium non determinatum ad unum, sed indifferenter se habens ad multa, sic Deus ipsam movet, quod non ex necessitate ad unum determinat, sed remanet motus eius contingens et non necessarius, nisi in his ad quae naturaliter movetur.

　人間の意志が広い意味では様々のものによって動かされることはあきらかである。例えば、知性は意志にその対象を提示することによって意志を動かすのであり[2]、感覚的欲求あるいは情念が意志を動かすことがありうることもわれわれの経験するところである[3]。しかし対象とか様々の外的な根源によって意志が動かされるのは、人間の霊魂が体と合一していることからして、意志という霊魂の能力は時として現実態に、時として可能態においてあり、そのため必ず何らかの外的な動かすものが与えるうながし instinctus によって動き始めるのでなければならない、ということに基づく。したがっ

---

  2) 『神学大全』II-I, 9, 1.
  3) 同上, 9, 2.

Ⅶ　人間の自由について

て，意志がこうした様々の外的な根源によって動かされるのは，人間の意志が置かれている人間的条件によるもので人間の意志が知的な欲求能力としての意志であることに基づくものではない。言いかえると，それは人間の意志が神や天使のような知的実体——人間の霊魂はそうした知的実体のうちで最下位を占めるというのがトマスの見解であるが——に共通な知的欲求としての意志である限りにおいての問題ではない。

　ここでわれわれが取り上げている事柄——意志は神という外的根源によって必然的に動かされるか——が問題であるのは，人間の意志を意志として動かす外的根源ないし原因といえば神であり，神の外にはありえない，という前提があるからである。この前提は近代思想にとっては，かつてそのような世界観があった，という歴史的関心を除けば，ほとんど無意味であり，したがって人間の自由を考えるさいにもまったく問題とならないが，トマスが人間の意志，したがってまた自由について考察するさいには重要な意味を持つ。なぜなら意志は人間の知性的霊魂の能力であり，そして知性的霊魂は直接に神によって創造され，神に直接的に秩序づけられているのであるから[4]，意志を動かす原因たりうるのは神のみであることはあきらかである。また意志はさきに述べたように，あらゆる特殊的・限定的な善を超えて，全的・普遍的な善 bonum universale，すなわち善そのものへと秩序づけられているのであるから，善そのものである神自身を除いては他のいかなるものも意志の原因であることはできないからであ

---

4)　同上, I, 90, 2, 3.

る[5]。そのことを前提とした上で，ここでは外的な動因としての神は「必然的に」意志を動かすかどうかが問われているのである。

　トマスの議論の要点は，第一原因である神が行使する因果性は第二次原因が行使する因果性をすべていわば押し除(の)けて，すべてをおのれひとりで働くといった類いのものではない。むしろ，第二次原因がそれに固有の因果性を全き仕方で行使することを可能にするような仕方で第二次原因を動かす，というものである。したがって，人間の意志はそれが自然本性的に究極目的へと動かされる場合の他は，一つのものに確定されるのではなく，多くのものへ無差別的に関係しているような能動的根源であるから，神が人間の意志を動かすのは——究極目的の場合を別にすれば——一つのものへ確定するような仕方で，つまり必然的に動かすのではない，ということが帰結する。

　神は人間の意志を必然的に動かすのか，という問題は古くから恩寵と自然，および恩寵と自由（意思）の問題という，キリスト教神学の論争の的となった問題との関係で，精妙で時として極端な仕方で論じられてきた。ここでその一端に触れたトマスの立場の根本的特徴は，「すべての存在するものの存在(エッセ)の第一根源（すなわち創り主）である神は，すべてのものをそれが置かれている条件に従って，それら事物の自然本性を滅ぼすのではなく保全する仕方で動かす」という言葉に要約されている。すべての存在するものは全面的に神に依存しているのであるから，神がそれらに働きかけ，動かすというとき，神は「すべてにおいてすべてを働く」のであ

---

5) 同上，II-I, 9, 6.

Ⅶ 人間の自由について

る。しかし,そのことは決して神が「すべてにおいてひとり働く」ことを意味するのではない,というのがトマスの根本的立場である。言うまでもなく,これはトマスのみの立場ではなく,「汝なくして汝を造り給いし神は,汝なくしては汝を義とし給わず[6]」と教えたアウグスティヌスの立場であり,恩寵と自由をめぐる神学的論争の歴史において,十二世紀のベルナルデゥスが堅持し[7],十三世紀のトマスが継承した立場であったことを強調しておきたい。

---

6) アウグスティヌス『説教』169, 13.
7) 参照。拙稿「教養と自由——ベルナルドゥスにおけるキリスト教的ヒューマニズム」『教養の源泉をたずねて』創文社,2000 年。

4
恩寵と自由意思

(『神学大全』II-I, 113, 3)

　「罪人(つみびと)が義とされるために自由意思の動きが必要とされるか。罪人が義とされるのは神が人間を正義[1]へと動かし給うことによってである。というのも『ローマ人への書翰』第四章（第五節）で言われているように「罪人を義と成し給う」のは神自身だからである。しかし神はすべてのものを各々の在り方に従って動かし給うのであって、それは自然的な諸々の事物において重いものと軽いものとが両者の異なった自然本性にもとづいて、違った仕方で神によって動かされるのをわれわれが見る通りである。ここからして、神は人間をも人間本性の条件に従って正義へと動かし給う。ところが人間は固有の自然本性にもとづいて自由意思を有するところのものである。したがって自由意思を行使しうる者の場合は、神による正義への動かしは自由意思の動きなしには為されないのであって、神は義とするところの恩寵の賜物を注入する働きを、それと同時に恩寵の賜物を受け取るようにと自由意思を動かす

---

1) 「各人にその権利を与えよ」という意味(ユス)での正義ではなく、事物があるべき秩序を保っている状態を意味する。

Ⅶ 人間の自由について

——こうした動かしを受容しうる者たちの場合——という仕方で為し給うのである。」

Utrum ad iustificationem impii requiratur motus liberi arbitrii. ... Iustificatio impii fit Deo movente hominem ad iustitiam. Ipse enim est *"qui iustificat impium"*, ut dicitur *Rom*. IV. Deus autem movet omnia secundum modum uniuscuiusque, sicut in naturalibus videmus quod aliter moventur ab ipso gravia et aliter levia, propter diversam naturam utriusque. Unde et homines ad iustitiam movet secundum conditionem naturae humanae. Homo autem secundum propriam naturam habet quod sit liberi arbitrii. Et ideo in eo qui habet usum liberi arbitrii, non fit motio a Deo ad iustitiam absque motu liberi arbitrii; sed ita infundit donum gratiae iustificantis, quod etiam simul cum hoc movet liberum arbitrium ad donum gratiae acceptandum, in his qui sunt huius motionis capaces.

1. 罪人が義とされる，すなわち罪が赦され，罪という（神に対する）背き offensa が引き起こした神の不興・腹立ち offensa が好意・恩寵 gratia に変るのは，その全体が神の働きであるが，そのような神の恩寵がすべてであることは人間の自由意思の働きを排除するものではない。このことをあきらかにするトマスの議論は驚くほど単純明快である。それは一言で言えば，神が義と成し給うのは「人間」である，ということに尽きる。義とされる罪人は人間であり，人間である限り自然本性からして自由意思をそなえている。自由意思を排除し，無視して「人間」を義とすることは不可能であり，

自由意思もまた「人間」を義とする神の恩寵の働きによって，義とされる人間にふさわしい働きをするように変らなければならない。この自由意思の働き——神に対する背きを嫌悪し，回心して恩寵の賜物を受け取ろうと決意する自由意思の働き——そのものが恩寵によるものであるから，それを認めることは罪人を義とする働きにおいて恩寵がすべてであることといささかも抵触するものではない。

2. 恩寵と自由意思の問題をめぐる神学的論争の歴史において実際にそうであったように，さきに私が「単純明快」と評したトマスの議論に対する最も強力で決定的とも思われる反論は，原罪によって人間の自然本性は破壊され，理性は神の摂理を悟ることができず，自由意思は神の掟に従うことができないので，罪人を義とする働きにおいて恩寵が「すべて」であるということは，そこで働くのは「恩寵のみ」であることを意味するのであって，自由意思がそこで何らかの役割を果たすことはまったくありえない，というものであろう。

この反論の説得力は人祖アダムが犯した第一の罪のゆえに，アダムの裔として生まれてくるすべての人間は，アダムの過失によって導入された「原罪」peccatum originale と呼ばれる悲惨で欠如的な状態に陥ったのであり，神学者たちが「自然本性の病い[2]」Languor naturae と呼ぶ「原罪」は正確に言えば人間の自然本性の破壊である，という解釈に依存すると言える。自然本性の「破壊」という言葉を自然本性が完全に消滅するという厳密な意味に解した場合，人間に固有の自

---

2) 『神学大全』II-I, 82, 1.

Ⅶ 人間の自由について

然本性に属する自由意思が消滅することは明白であるから，罪人を義とする神の働きにおいて自由意思は全く姿を消し，「恩寵のみ」という主張が正当化される。しかしそれと同時に「義とする」「罪を赦す」という言葉は意味を失い，「恩寵のみ」の主張は実は恩寵の働きそのものを根本的に無意味で空虚なものにすることを見てとる必要がある。神が恩寵によって義とし給うのは「人間」であるのに，人間がもし原罪によって自然本性を消滅せしめられたのであるなら，最早義とされるべき「人間」は存在しないからである。

これにたいして自然本性の「破壊」を堕落ないしは秩序の乱れを意味すると解した場合には，罪人を義とする働きにおいて恩寵が「すべて」であることを肯定しつつ，（恩寵によって矯正され，支えられるとの前提の下で）自由意思が（義とされるのは「人間」である限り）何らかの役割を果たすことが承認されるであろう。

3. とはいえ，恩寵と自由意思の問題をめぐる神学的論争の長い歴史にてらして，上のような議論で「恩寵のみ」の立場をとる論者を説得できるとは思われない。他方，トマスが恩寵と自由意思，さらに恩寵と自然（本性）の問題に関して到達した洞察——この問題をめぐる彼の考察において示された「知恵」——も右の「単純明快」な議論で言い尽くされているのでもない。むしろ恩寵と自由意思の問題にふくまれている最大の困難は，信仰のみによって肯定される無限なる神の愛そのものである恩寵と，それとは無限に隔っている有限な人間の能力である自由意思とが，罪人を義とする一つの働きにおいて何らかの仕方で関わり，結びつくことがいかにして可能か，その道を示すことであろう。

それがわれわれにとって困難であるのは、一方では無限なる神と有限な人間との隔たりは無限であるとの理由から、神と人間との間には何らの直接的な関係も結びつきもありえないとして、神の絶対的な超越性ないし他者性を強調しつつ、同時に他方では神の恩寵の働きに人間の自由意思の動きが関係づけられることはあたかも神の働きを制限することであるかのように、両者を同じレヴェルで理解しているからである。これはあきらかに自己矛盾であるが、近代思想はカントの「私は、信じることに場所を得させるために、知ることをやめねばならなかった[3]」という言葉が示唆しているように、神的なこと（信じること）と人間的なこと（知ること）とが同一のレヴェルで、いわば相互排除の関係にあるかのように理解している、と言えるのではないか。トマスが継承したキリスト教思想の伝統では神的なこと（信仰）は人間的なこと（理性による認識）をその狭さから解放し、理性的探究により広大な「場」を開くものと考えられていたのと対照的に、である。

　罪人を義とする神の一つの働きにおいて恩寵と自由意思が何らかの仕方で関わり、結びつくという問題の理解がわれわれにとって困難であるのは、言うまでもなく無限なるものを可能な限り認識しようとするときのわれわれの根本的に否定的なアプローチと、有限なものを認識するときの人間的な認識の仕方とが全く異質なものであることにもとづく。それに加えて、人間の側から無限なる神を認識しようと試みるときには、何よりも神とわれわれを隔てる無限の「距離」が意識されるのに対して、神の観点の下に sub ratione Dei 神と被造

---

[3] 『純粋理性批判』B, xxx.

Ⅶ 人間の自由について

物たる人間との関係に目を向けるときには，神はまさしくわれわれの存在の最も内奥に現存する者として認識されるのである。

このような人間にとっての神の絶対的な超越と最も親密な内在は，われわれが理性の限界内にとどまろうとする限り不可解な矛盾であるが，信仰の光に導かれつつ進められる知的探求の領域においては受肉 Incarnatio という信仰の神秘において，いわば最も身近な現実としてわれわれの前にある。神である永遠の言(ことば)が肉(ひと)となってわたしたちの間に宿られた，というのである。いうまでもなくこれは信仰のみによって肯定される現実であって，それを人間的知識に還元することは不可能であるが，それについての（信仰の光の下に進められる）知的探究は可能であり，この探求を通じて不可解な矛盾と思われた事柄にふくまれていた意味を解明することは可能である。そしてトマスが恩寵と自由意思，ないし恩寵と自然の問題をめぐって行った神学的考察はまさしくそのような知的探究であった。「神が人となった」という信仰の神秘の前では，人間にとっての神の絶対的な超越と最も親密な内在という不可解な矛盾はいわば小さな謎に見えてくる，と言うのは言い過ぎかもしれないが，いずれにしてもトマスは受肉の神秘について行った神学的探究が，恩寵と自由意思，ないし恩寵と自然をめぐる問題の解明を可能にすると考えていたことは確かである。

4.「罪人が義とされるために自由意思の動きが必要とされるか」という問題に続いて，トマスは「罪人が義とされるために信仰の動きが必要とされるか」という問題を取り上げている。この問題は，それだけ切り離した場合には，人が義と

されるのは律法に定められたことを行うことによるのではなく，信仰による，というパウロの広く知られ，また激しい神学的論争の的にもなった教え[4]をあらためて検討しているように見えるかもしれない。そして信仰 fides は希望 spes，愛（徳）carites と同じく，人が究極目的としての神をめざして歩む道を確かにするための恩寵の賜物なのであるとの理由から罪人が義とされるために必要不可欠なのは明白だ，という議論を予想する人が多いかもしれない。

ところがトマスがここで罪人を義とする神の働きとの関連で信仰に言及したのは，さきに罪人が義とされるために必要とされる，と明言した自由意思の動きとの関係においてであり，当の自由意思の動きを引き起こすのが信仰にほかならない，と主張しているのである。つまり，罪人が義とされるためには自由意思の動きが必要とされる，という議論を補強し，完成するために信仰への言及がなされているのである。このトマスの議論は，信仰と自由意思を切り離し，それらを相互排除的なものと解して，人を義とする神の働きは恩寵のみであって，自由意思はそこで何の役割も果たさないという主張を，人が義とされるのは恩寵としての信仰のみによるのであって，自由意思にもとづく人間の善い行為や功徳は何の意味もない，という主張で置きかえた論者にとっては，まったく不可解なものと映るに違いない。ここで私は「信仰義認論」という名称で知られる神学説について立ち入って述べることは差し控えるが，それがトマスの立場からは，神の恩寵によって義とされるのは「人間」である，という明白で根本的な真理と抵触するものとして受けとられることをあらため

---

4) 『ローマ人への書翰』3, 21 以下。

Ⅶ 人間の自由について

て指摘しておきたい。

VIII

トマスと政治

1
最善の政治形態

(『神学大全』II-I. 105, 1)

「或る国家もしくは国民における統治者たちの善い統治・秩序づけに関しては、二つの点に注意しなければならない。その一つはすべての者が主権に何らかの仕方で参与するように配慮することである。というのは、そのことによって人民の平和が保たれ、すべての者がこうした統治を好み、大事にするからであって、それは『政治学』第二巻[1]で述べられている通りである。もう一つは政治形態あるいは主権者たちの統治の種類に関わってくる事柄である。哲学者(アリストテレス)が『政治学』第三巻[2]で論じているように、政治形態には様々の種類があるが、主要なものは王制、すなわち徳において優れた一人が主権を担う統治、および貴族制――最善なる者たちの権能(アリストクラティア)――すなわち徳において優れた少数者が主権を担う統治である。ここからして或る国家もしくは王国における主権者たちの最善の統治・秩序づけとは万人に勝(まさ)る一人が徳にもとづいて君臨し、彼の下で徳のゆえに主権を担う人々がいるような統治

---
1) 『政治学』1270 b17.
2) 同上、1279 a32.

である。ところで，こうした主権は（それを担う人々が）万人からして選ばれうるものであり，また万人によって選ばれるものでもあるところから，万人に属するのである。たしかに，一人が君臨する限りにおいて王制であり，多くの者が徳にもとづいて主権を担う限りにおいて貴族制であり，人民の中から統治者たちが選ばれることが可能で，また統治者たちを選ぶことが人民に属する限りにおいて民主制，つまり人民の権能(デモクラティア)であるという仕方で，王制，貴族制，民主制がよく組み合わせられ・混合している政治形態が最善なのである。」

Circa bonam ordinationem principum in aliqua civitate vel gente, duo sunt attendenda. Quorum unum est ut omnes aliquam partem habeant in principatu: per hoc enim conservatur pax populi, et omnes talem ordinationem amant et custodiunt, ut dicitur in II Polit. Aliud est quod attenditur secundum speciem regiminis, vel ordinationis principatuum. Cuius cum sint diversae species, ut Philosophus tradit, in III Polit., praecipuae tamen sunt regnum, in quo unus principatur secundum virtutem; et aristocratia, idest potestas optimorum, in qua aliqui pauci principantur secundum virtutem. Unde optima ordinatio principum est in aliqua civitate vel regno, in qua unus praeficitur secundum virtutem qui omnibus praesit; et sub ipso sunt aliqui principantes secundum virtutem; et tamen talis principatus ad omnes pertinet, tum quia ex omnibus eligi possunt, tum quia etiam ab omnibus eliguntur. Talis enim est optima politia, bene commixta ex regno, inquantum unus praeest; et aristocratia, inquantum multi principantur secundum virtutem; et ex democratia, idest potestate populi, inquantum ex popularibus possunt eligi principes, et ad populum pertinet electio principum.

「トマスと政治」という表題を用いたが，トマスの政治思想あるいは国家哲学そのものを解説しようという意図はない[3]。むしろトマスが政治や国家（政治的共同体）について行った考察が彼における知恵の探求と内的な関わりがあり，トマス的な知恵の探求の特徴を示すものである限りにおいて，その興味深い点を一，二紹介しようと試みた。ここで引用した一節は『神学大全』第二部「人間論」で人間的行為を内的に導く根源としての諸々の徳について論じた後で取り上げられる，人間的行為の外的根源に関する論考のなかにふくまれている。

興味深いのは，われわれが普通に「人間的行為の外的根源」と言えば，われわれの行為に影響を与える外部の環境世界からの色々な働きかけや様々の原因を指すのにたいして，トマスが考える外的根源とは「悪へと傾かしめる悪魔」と「善へと動かす神[4]」であって，神はわれわれを法 lex でもって教導し，恩寵 gratia でもって助けるのである。ここで

---

[3] 本格的な研究として次を参照。柴田平三郎『トマス・アクィナスの政治思想』岩波書店，2014年。

[4] 『神学大全』II-I, 90, prologus.

Ⅷ　トマスと政治

の引用は法に関する論考の中で旧約聖書の律法を考察している箇所（倫理的，祭儀的に続く司法的規定）からとられている。つまり，トマスにとって法とは根元的に神による導きであり，国家がそれに基づいて統治する法律——トマスの用語では人間によって制定された法としての「人定法[5]」lex humana——も，それが真の法である限り「万物の神的な統括理念[6]」である永遠法 lex aeterna から導出されたものである。したがって，トマスの場合，国家とその法について適切に考察するためにはこの世界・宇宙のすべての働きと運動を導く神的知恵の理念としての永遠法について探求することが不可欠であり，その意味でトマスが政治や国家に関して行った考察をふりかえることは彼における知恵の探求の一面に光をあてるもの，と言えるであろう。

　引用は「旧法（旧約聖書の律法）は統治者たちに関して適切に規定していたか」という問いにたいするトマスの解答であるが，おそらく読者はそれがリンカーン大統領の『ゲティスバーグ演説』の「人民の，人民による，人民のための政治」という政治理念にあまりにも類似しているのに驚かれるのではないか。「中世的封建制の弁護者」とか「世俗的権力に対する教皇の最高権威の優先」といった誤解を招き易い極り文句で片付けられがちなトマスは，実はすべての人民が主権に参与すべきことを根本原則とする，王制，貴族制，民主制の長所を適切に組み合わせた混合的政治形態を最善のものと主張しているのである。

　トマスは社会を形成している多数者の福祉と安全は和合し

---

5)　同上，91, 3.
6)　同上，91, 1.

て一つにまとまること，すなわち平和の維持に存するのであり，それは統治が一人の君主によって行われる場合に最も有効・確実に実現されるのであるから，その限りでは王制が最善の政治形態であると繰り返し述べているが，それと同時に王制は統治者が多数の共通善ではなく己れの利益や欲望を追求して最大の害悪をもたらす暴君政治に陥り易いことを指摘することを忘れなかった。そして暴君の追放，極端な場合は殺害による排除はどのような条件の下で正当化されるか，についても詳細に論じている。

　読者のなかにはトマスが抵抗権の支持者であることに驚く者が多いかもしれないが，私がここで強調したいのは，暴君を排除して一挙に事態を変革しようとする試みに対してトマスは極度に悲観的な態度をとり，多くの場合そのような試みは事態を改善するよりは悪化させる結果を生む，と考えていたことである。彼はキプロス王（おそらくフーゴー二世，在位 1253-1267）に献呈した『王制論——キプロス王のために』のなかで，シラクサの暴君ディオニシウスが長生きするよう祈願したという老婆のエピソードを紹介する。この老婆の噂を聞いて不思議に思ったディオニシウスが理由を尋ねると老婆は答えた。「自分は幼少の頃，暴政に苦しみ王の死を望んだが，その王を殺して王位を奪った新王はもっと苛酷だった。私は熱心に彼の支配が終るのを望み，やがて新しい，もっと苛酷な王の統治が始まった。それが貴方です。だから，もし貴方が位を追われたら，もっと悪い王が出現するでしょう[7)8)]。」

---

7) 柴田前掲書，第7章を参照。
8) *De Regno, Ad Regem Cypri*, c.VI.

Ⅷ　トマスと政治

　ここで普通にクーデターとか革命と呼ばれるものに対してトマスがとっている態度は経験を重んじつつ正義を貫く思慮深い政治家に見られる政治的知慮[9] prudentia politica と解することができるかもしれない。しかし私はむしろそこに，神がそれに基づいて万物を創造し，創られたすべてのものを秩序づける「万物の神的な統治理念」である永遠法が，人間によって制定されるすべての法，そしてその法に従って行われる政治の根源であり，規準であることを洞察し，この洞察を自らの政治哲学の中心に置いたトマスの知恵を見てとるべきであると思う。

　今日，クーデターや革命は基本的人権の名の下に正当化されるのが普通であるが，人権が単に人間によって制定される法である憲法や法律によって確定され，効力を発揮するものにとどまり，永遠法，つまり神的創造の秩序から導出された自然法によって基礎づけられるものでない限り，人権の名の下に行われる政治的変革は容易に人間の恣意や権力欲によってゆがめられ，改革しようとした事態をさらに悪化させる危険にさらされていることは明白であると言えよう。つまり創造の秩序である自然法を無視して強行される政治的変革は，最高の知恵と限りない愛をもって世界を創造した神に代わって，自らの力によってすべてを根元的に変革し，人間をその苦境から解放する救世主になろうとする人間の自己中心的な企てであり[10]，トマスの政治哲学の中心にはそのことの洞察がふくまれており，それは彼の政治思想が知恵の探求の成果であったことを示すものと言えるであろう。

---

　9)　『神学大全』II-II, 47, 10.
　10)　参照。ラツィンガー『イエス・キリストの星』里野泰昭訳，春秋社，2011年，第1章3。

2
「人は人にとって友である」

(『対異教徒大全』III. 117)

　「『人は本性的に社会的動物である[1]』から，彼は彼自身の目的に到達するために他の人々によって助けられることを必要とする。このことは人々の間に見出される相互愛によって最も適当に成就される。それゆえ，人々をその究極的目的へと教導する神の法によって相互愛がわれわれに命じられている。……さらに神法は自然法の補助として人間に授けられている。ところで，相互に愛し合うことはすべての人間にとって自然・本性的である。このことの徴は，人は何らかの自然・本性的なうながしによって，誰なのか知らない場合でさえも助けを必要としている人の助けに赴くという事実である。例えば，彼は道を間違えた人を呼びもどし，倒れた人を助け起こす，などのことをする──『あたかも人はすべて，自然・本性的にすべての人と親しく，すべての人と友であるかのように。』[2] このことのゆえに，相互愛は神法によって人々に命じられて

　1）　アリストテレス『ニコマコス倫理学』1097 b11.『政治学』1253 a2-3.
　2）　『ニコマコス倫理学』1151 a21.

VIII　トマスと政治

いるのである。」

　Cum homo sit *naturaliter animal sociale,* indiget ab aliis hominibus adiuvari ad consequendum proprium finem. Quod convenientissime fit dilectione mutua inter homines existente. Ex lege igitur Dei, quae homines in ultimum finem dirigit, praecipitur in nobis mutua dilectio. …… Praeterea lex divina profertur homini in auxilium legis naturalis. Est autem omnibus hominibus naturale ut se invicem diligant. Cuius signum est quod quodam naturali instinctu homo cuilibet homini, etiam ignoto, subvenit in necessitate, puta revocando ab errore viae, erigendo a casu, et aliis huiusmodi: *ac si omnis homo omni homini esset naturaliter familiaris et amicus*. Igitur ex divina lege mutua dilectio hominibus praecipitur.

　トマスは「人は本性的に社会的動物である」という形でアリストテレスの言葉を引用するが、トマスがここで参照していたアリストテレス『ニコマコス倫理学』ラテン語版では原文に忠実に「人は本性的に国家社会的なものである」(natura civile homo)と訳されており、トマスは明らかに自分の解釈に基づいて「国家社会的」をより広い意味の「社会的」で置き換えている[3]。これは単に言葉だけの問題ではなく、例えばアウグスティヌスが人間の本性に基づく社会と言えるのは家族的社会だけであって、強制力による支配・隷属関係を

---

　3)　参照。拙稿「トマス・アクィナスの社会思想」『中世の社会思想』創文社, 1996年。

ふくむ国家社会 civitas は原罪の結果として生まれたもので，人間の本性に基づく社会ではないとしたのに反対して，アリストテレスやキケロの立場を肯定したことを示すものである。

この引用で読者の注意を引くのは「人は人にとって狼である」というホッブスの『リヴァイアサン』で有名になった人間の自然状態を象徴する言明に正面から対立する「人は自然本性的にすべての人にとって友である」というトマスの社会哲学の根本原則である人間の社会的本性を指す言明であるに違いない。ホッブスはこの言葉を古代ローマの喜劇作家プラウトゥス（Plautus 前 254-184）から借りてきており，複数の人間が相互に契約を結んで各自の生命・自由，財産が保障されるような社会状態に移行しない限り，「万人の万人に対する戦い」である自然状態からは脱却できない，と主張した。

「人は人にとって狼である」は警句であって人生の一面を鋭く衝いた機智あふれる言明ではあるが，人間の自然本性についての普遍的に妥当する洞察を言いあらわしたものではない。それは旅行にでかける若者に与える助言とはなりえても，われわれが人生という旅を，人間であることの実現，つまり人間として善く生きることを目指してたどるべき「道」を言いあらわすものではない。この言葉は『中庸』冒頭の句「天の命これを性と謂う」で，「（自然本）性」とはそれに基づいてわれわれが人間として生きるべき規範（道）のもとになるものだ，と言われているような人間本性を言いあらわしている言葉ではないのである。

アリストテレスとプラウトゥスの言葉がかりに「性善説」「性悪説」として分類されるのであれば，私はそこで「性」（人間本性）と言う言葉が甚だしく異なった次元で解されて

いることを指摘したい。「性善説」の場合の「性」は人間の自然本性についての形而上学的な考察に基づく,普遍的に妥当する洞察であるのに対して,「性悪説」の「性」は社会現象の一面についての記述にすぎない。そしてトマスが知恵の探求において対象としたのは言うまでもなく前者であった。

IX

トマスのユーモア

1
真理と酒と帝王と女

(『自由討論集』XII, 14, 1)

「真理は酒，帝王，女などと伍して最も強いものであるか。この問題は『エスドラ書[1]』のなかで若者たちに解答すべき問いとして提示されたものである。ところで，もしわれわれが酒，帝王，女，真理の四つをそれ自体として考察したならば，それらは一つの類に属するものではないから，比較することはできない。しかし，或る結果との関係においてそれらが考察されるならば，それらは同類になって比較が可能になろう。それらがそれに向けて一致し，またそれらが（すべて）生ぜしめうる結果とは，人間の心を変化させることである。それゆえ，それらのうちのどれが人間の心を最も変化させるかを見なければならない。

ところで人間を変化させるものの或るものは物体的，他のものは魂的であって，後者は感覚的および知性的であることを知っておかなければならない。さらに知性的なものも二種類，すなわち実践的と思弁的である。

---

1) 新共同訳聖書では旧約続編『エズラ記』3, 5 - 4, 41.

Ⅸ　トマスのユーモア

　ところが自然的に（物体的に）身体の仕組みに従って変化させるものどものうちで卓越しているのは酒であって，酒は酩酊によって語らせる（変化を起こさせる）。感覚的欲求を動かすものどものうちで最も卓越しているのは快楽，とりわけ性的な事柄に関わる快楽である。そしてこの場合は女が最も強い。さらに実践的な事柄および人間的な事柄において人間を動かしうるものどものうち最大のちからを有するのは帝王である。思弁的な事柄においては最高で最も力が強いのは真理である。

　しかしながら，物体的な諸々の力は魂的な諸力に従属し，魂的な諸力は知性的な諸力に従属しており，そして実践的な知性的諸力は思弁的な知性的諸力に従属するのであるから，無条件的に言えば真理が最も尊厳で卓越し，そして最も力強い。」

Utrum veritas sit fortior inter vinum et regem et mulierem. ... Haec est quaestio proposita iuvenibus dissolvenda in *Esdra*. Sciendum ergo, quod si consideremus ista quatuor secundum se, scilicet vinum, regem, et mulierem, et veritatem, non sunt comparabilia, quia non sunt unius generis. Tamen si considerentur per comparationem ad aliquem effectum, concurrunt in unum, et sic possunt comparari. Hic autem effectus in quem conveniunt et possunt, est immutatio cordis humani. Quod ergo inter ista magis immutet cor hominis, videndum est.

Sciendum est ergo, quod immutativum hominis quoddam est corporale, et aliud est animale; et hoc est duplex, sensibile et intelligibile. Intelligibile etiam est duplex, scilicet practicum et speculativum.

Inter ea autem quae pertinent ad immutantia naturaliter secundum dispositionem corporis, habet excellentiam vinum, quod facit per temulentiam loqui. Inter ea quae pertinent ad immutandum appetitum sensitivum, excellentior est delectatio, et praecipue circa venerea: et sic mulier est fortior. Item in practicis, et rebus humanis, quae possunt hoc facere, maximam potestatem habet rex. In speculativis summum et potentissimum est veritas.

Nunc autem vires corporales subiiciuntur viribus animalibus, vires animales intellectualibus, et intellectuales practicae speculativis; et ideo simpliciter veritas dignior est et excellentior et fortior.

トマスは「秩序づけることが知恵ある者に属する」sapientis est ordinare というアリストテレス『形而上学』(982a18) の言葉を屡々引用するが、まことに彼において知恵の探究とは根本的に、すべての在るものを創造し、最高の仕方で秩序づける知恵そのものである神の探究であった。そのトマスが極めて稀にではあるが「遊び」とも呼びたい仕方で「秩序づける知恵」の片鱗をのぞかせることがある。それをかりに「トマスのユーモア」と名付けたが、ここで「遊び」や「ユーモア」は決して知恵の探究からの逸脱を意味するのではないことを強調しておきたい。むしろそれらの言葉

IX　トマスのユーモア

は，トマス自身が知恵の探究は最も悦ばしいものであることに関して引用した『知恵の書』の一節（8.16）「知恵の探究とのつき合いは苦さをふくまず，それとの共生は何の倦怠もなく，歓喜と悦びがある」に基づいて，知恵の探究は労苦と知的緊張に満ちた思考労働に終るものではなく，むしろ観想の甘美な喜びと安息をともなうものである，と解していたことを示すものである。

　上に引用した一文はトマスが1268年から72年までの第二回パリ大学神学部教授任期中に行った「自由（任意）討論」Quaestiones Quodlibetales にふくまれているものなので，中世の大学において授業の主要な形式であった「討論」について一言しておきたい。大学の正規で重要な授業として行われたのは「定期（正規）討論」Quaestio Disputata で，それには学部の全教授，講師も出席を義務づけられ，予め告知された主題について誰でも質問することができたが，その場で回答するのは討論を主催する教授ではなく，彼の下で修業中の講師であった。教授は討論の次の講義において論点を整理し，自らの確定的な解答を示し，討論において提示された異論に答え，その記録を大学の公文書保管所に提出する慣習であった。

　これにたいして「自由（任意）討論」はその名の通り，誰でも，どんなことについても質問してよい「開かれた大学」の行事であって，通常クリスマスおよび復活祭の前に行われ，しかもその場で解答を与えるのは教授自身であった。「真理と酒と帝王と女のうち，いずれが最も強いか」という問題は，現在の日本の大学で落語か漫才，あるいは漫画が講義のテーマであるような状況の下でならともかく，中世の大

学,それも神学部で行われた討論において論じられた,しかもそれに解答を与えたのは『神学大全』の著者トマスであった,と聞いて驚かない人はあまりいないのではなかろうか。

この質問をしたのは酒や快楽の魅力のとりこになりがちな血気盛んな若者だったのか,それともこの世の悦楽も辛酸も味わい尽くした老人だったのか,定かではない。他方トマスが指摘しているようにこの問題は,イスラエルの民をバビロンでの長い捕囚から解放したペルシア王キュロスの後,アルタクセルクセス王の下でエルサレムに帰還したユダヤ人たちは再び迫害を受け,町と神殿の再建は中断されていたが,ダレイオス王の時代になってエルサレム再建に着手できるきっかけになった[2],王と三人の身辺警護の若者の間で交された問答で取り上げられたものであった。

内容は改めて解説するまでもないが,この四者をそれ自体として比較することはできないが,それらが人間の心を変化させるという結果では共通なので,どれが一番強力に変化させるかをつきとめればよい,と比較の「作法」を示した上で,トマス教授(マギステル)は働きかけの側面が身体の仕組なら酒,感覚なら女,実践の領域なら帝王,純粋思弁の世界なら真理,という答を提示する。その上で,身体機能は感覚能力に,感覚能力は知性に,そして実践知性は思弁知性に従属しているのであるから,端的には真理が最も強力とすべきだ,と結論する。この結論は,まず必要な区別 distinctio によって問題の所在をあきらかにすることで,いわば事柄自体が語りだして

---

[2] 三人の若者のうち,第一の男は「酒の力」,第二の男は「王の力」と答えたが,ダレイオス王は「女たちと真理」と答えた第三の男の知恵に感動してユダヤ人への迫害を禁じ,エルサレム再建が可能となった,と記されている。

IX　トマスのユーモア

解答へ導いてゆく所謂「スコラ学的方法」の定石に従ったもので，その点では聴講者を感心させたかもしれないが，結論そのものには納得しない者が多かったのではないか。異論に記されているように，酔っぱらえばどんなことでもやるように人間を変えてしまう酒が一番強いと言い張る職人もいたかもしれないし，死が待ちかまえている戦場へわれわれを駆りたてる王様も強いが，その王様を意のままに操る女がもっと強い，とうそぶく兵士もいたかもしれない。いずれにせよ，聖書に出てくる話とはいえ，奇抜としか言い様のない質問に整然とした簡潔な解答を与える教授(マギステル)トマスの姿にユーモアを感じとるのは決して見当違いではないであろう。

　トマスが主催した「自由討論」について少し説明を補足しておくと，論じられた問題のなかには，トマスがその著作のなかで繰り返し論じた「人間知性は個別的なものを認識するか」「神による予定は必然性を課するものであるか」「知的な霊魂はそれが認識するすべてのものを第一の真理において認識するのか」など哲学や神学の基本的問題がふくまれていた。また「天使は質料(マテリア)と形相から複合されているのか」「世界が永遠でないことは論証可能なのか」「キリストのうちには一つの基体のみがあるのか」「初めに使徒たちの時代にあった教会と現在ある教会とは一であるか」など激しい論争の的となった問題もあった。

　しかし大半は神学や哲学の研究に関わりのない人々の素朴な質問であった。例えば「（身体から）分離した霊魂が自然的（物理的）な地獄の火によって苦しむことが可能か」「復活のあとキリストは（弟子たちと共に）食事をとることによって真実に食べた（消化し吸収する仕方で）のか」あるい

は「身体から分離した（死後の）霊魂は他の分離した霊魂を認知するのか」などは，説教を聴いたり，ふと来世のことに思いが向かったりしたときに，誰にでも浮かんでくる疑問と言えるのではないか。

　これに対して，「キリストが受難において流した血はすべて復活にさいして彼の肉体にもどるか」「水が入手できない砂漠で生まれた子供が洗礼を受けずに死んだ場合，信者たる母親の信仰によって救われることが可能か」「対立的な見解をとる神学教授たちの聴講者が，もし自分たちの教授の誤った見解に従った場合，罪を免除されるか」「断罪されて地獄にいる者は，自分たちの敵が一緒に罰されて苦しむのを見て喜ぶか」などの問題は，多少神学の素養のある者が教授の力量を試してやろうとする意地悪さが感じられないでもない。そのような一例として「神は，もし欲したならば，罪を犯しうるか」という問いにトマスがどう答えたかを見ることにしよう。この問いの巧妙な罠は，一般に「もし誰かが何かを欲したならば，それを為しうる」という仮定・条件文は「彼はそれを為しうる」という単純肯定文に論理的に還元しうるということから，直ちに「神は罪を犯すことを欲したならば罪を犯しうる」という肯定文で置き換えうる，と結論できると思いこませるところにある。

　ところがここで問題になっている問いの場合，「欲する」（厳密には「意志する」velle）主体が神であるため，ことはそう単純に進まないのである。まず接続詞の「もし」が単に前後関係を意味するのなら，神が罪を犯すことを意志したり，それを為しうることが可能であるか，否かは問題ではないので，この問いに「然り」と答えることができる。しかし，「もし」が「原因」あるいは「根源」から何らかの結果が生

IX　トマスのユーモア

じてくることを意味するのであれば，そもそも「神が罪を犯すことを意志する」ことは——神の本性は善そのものであり，「意志」と言われているものは神においては本性そのものなのであるから——ありえないことであって，この仮定・条件文の形の問いは偽であるとしなければならない。要するに，この問いは，単純に「神は罪を犯すことができるのか」と問えば「否」という答えが出てくるにきまっているので，「もし神が罪を犯すことを意志するならば」という曖昧さをふくむ条件文を提示して，「神は罪を犯しうる」という可能性の帰結を引きだすことを企(たくら)んでいるのである。そして教授(マギステル)トマスは条件文の二義性を指摘し，神の意志は神の本性そのものであることを質問者に説明することで巧みに罠をのがれたのであった。

2
聖体の秘跡とねずみ

(『神学大全』III, 80, 3, ad 3)

「たとえねずみ,あるいは犬が聖別されたホスチアを食したとしても,キリストのからだの実体はあの諸形態,ということは,パンの実体が存在していたであろうような間の諸形態[1])が存続している間はその諸形態の下で存在することをやめないのである。このことは(聖別されたホスチアが)泥のなかに投げこまれた場合でも同じであろう。こうしたことは,自らの尊厳をいささかも失うことなしに罪人たちによって十字架にかけられることを望み給うた,キリストのからだの尊厳をそこなうおそれは何もない。とりわけ,ねずみや犬はキリストのからだそれ自体に,彼に固有の形姿に即して触れるのではなく,秘跡的形態に即してのみ触れるのであってみれば,なおさらのことである。これにたいして,或る論者は(聖体の)秘跡がねずみや犬によって触れられたときには,直ちにキリストのからだはそこに存在しなくなる,と述べたのであるが,

---

1) 聖体の秘跡を真理と認める限り,パンの実体は(聖別によって)キリストのからだに変っているのであるが,議論をわかり易くするためにパンの実体存続を仮定している。

IX　トマスのユーモア

これもまた右に述べたように（聖体の）秘跡の真理をそこなうものである。

　とはいえ，非理性的動物がキリストのからだを秘跡的に食する，と言ってはならない。なぜなら，秘跡を秘跡として用いるようには自然本性上なっていないからである。したがって非理性的動物はキリストのからだを秘跡的にではなく，付帯的な仕方で食するのであって，それは聖別されたホスチアを，聖別されたものと知らないで受ける人が（キリストの体を）食する場合と同様である。そして，付帯的な仕方であることは，或る類の区分のなかには入ってこないのであるから，キリストのからだを食するこのような仕方は，秘跡的および霊的な食し方とは別の，第三の仕方として枚挙されることはない。」

Etiam si mus aut canis hostiam consecratam manducet, substantia corporis Christi non desinet esse sub speciebus quandiu species illae manent, hoc est, quandiu substantia panis maneret, sicut etiam si proiiceretur in lutum. Nec hoc vergit in detrimentum dignitatis corporis Christi, qui voluit a peccatoribus crucifigi absque diminutione suae dignitatis, praesertim cum mus aut canis non tangat ipsum corpus Christi secundum propriam speciem, sed solum secundum species sacramentales. Quidam autem dixerunt quod statim cum sacramentum tangitur a mure vel cane, desinit ibi esse corpus Christi. Quod etiam derogat veritati sacramenti, sicut supra dictum est.

トマス・アクィナスの知恵

 Nec tamen dicendum est quod animal brutum sacramentaliter corpus Christi manducet, quia non est natum uti eo ut sacramento. Unde non sacramentaliter, sed per accidens corpus Christi manducat: sicut manducaret ille qui sumeret hostiam consecratam, nesciens eam esse consecratam. Et quia id quod est per accidens non cadit in divisione alicuius generis, ideo hic modus manducandi corpus Christi non ponitur tertius, praeter sacramentalem et spiritualem.

 「聖体の秘跡 Sacrmentum Eucharistia とねずみ」という表題も「真理と酒と帝王と女」に劣らず読者の意表を突くものであるかもしれない。聖体（司祭が唱えるキリストの言葉によって聖別されキリストのからだとなったパン）をねずみが齧る、というアクシデントはどのように処理すべきか、という問題は聖体を保管する責任者にとっては極めて重大でデリケートな問題であり、トマスがこの問題を論じた箇所で触れているように、神学者たちも大いに解決に苦慮した難しい問題であった。この重大で難しい問題を論じたトマスのどこにユーモアの側面があるというのか、このように詰問されるかもしれない。言うまでもなくトマスはねずみが聖体を齧るという行動にユーモアを感じているのではないし、ユーモアを持ち込むことでこの問題を有効に解決できると考えたのでもない。私はただこの問題の解決に向けて事態を適切に秩序づけるさいにトマスが示した知恵に一種の遊びを感じ、それを「ユーモア」と呼んだのである。
 トマスの前の世代の神学者たちは罪人がキリストのからだ

IX　トマスのユーモア

を食することなど決してあってはならぬと考え，そのようなことはそもそも起こりえないことを示すため，キリストのからだが罪人の唇によって触れられるや否や，直ちにキリストのからだは秘跡的形態の下で存在しなくなるのである，と主張した。これら神学者の目には罪人が，あるいはねずみや犬がキリストのからだを食することは秘跡の尊厳を破壊する大いなる罪悪と映ったので，それを徹底的に排除しようと試みたのであった。しかし，トマスによるとこのような試みは秘跡の真理——秘跡の形態が存続するかぎり，それらの下でキリストのからだが存在しなくなることはない——をそこなうもので，明白に誤りである。トマスにとっても聖体の秘跡が正しい仕方で受容され・食されないという事態は誠実かつ注意深い仕方で避けなければならないが，それは「キリストは神の身分でありながら……かえって自分を無にして，僕(しもべ)の身分になり……人間の姿で現れ，へりくだって死に至るまで，それも十字架の死に至るまで従順[2]」であった，というキリストの限りない愛の現れとしてのへりくだり，「自己無化」の前には，神の大いなる怒りと罰に値するような罪悪というよりは，できうるかぎり心して阻止すべきアクシデントだったのである。ねずみが聖体を食することはありえないと主張する神学者たちの議論の陰うつな重苦しさとは対照的なゆとりと軽(かろ)やかさ——それは秘跡の真理の根柢にあるキリストの惜しみなき愛という大いなる善に由来する——をトマスの議論から感じとるのは誤りであろうか。

---

2)　『フィリピ人への書翰』2, 6-8.

あとがき

　この本の冒頭で私は神学的にも哲学的にもアウグスティヌスとトマス・アクィナスとの間には極端とも言える程に大きな思想的傾向や立場の違いがある，という印象が広まっていることへの疑問を述べました。もっとはっきり言うと，私の疑問はこの二人の思想家の著作を読む者が例外なしに，そして屢々強烈に印象づけられざるをえない明白な対照——文体や叙述の様式のみでなく，学説に関しても（「はじめに」でそのいくつかに触れました）——のゆえに，この二人が生涯をかけて行った知恵の探究の根本的な類似ないし連続性に十分な注意がはらわれていないのではないか，というものでした。

　アウグスティヌスとアクィナスとの間の根本的な類似ないし連続性についての否定的な見方が生じたことの歴史的背景としては，13世紀のいわゆる「アウグスティヌス派」神学者たちとトマスとの間の論争，さらに16世紀宗教改革運動の中心的人物であったルター（ちなみに彼はアウグスティノ修道院に入り，司祭となって神学研究を始めました）におけるアウグスティヌス評価とスコラ学に対する激しい非難・攻撃，などを挙げることができます。しかし私はそのような歴史的背景よりも，トマス自身の知恵の探求の根本的性格，あるいは独自性がこれまで適切に理解されなかったことが上の否定的見方の原因であると思っています。

　このような言い方はひどく僭越で幼稚と言えるほど独断的に響くかもしれません。しかし，それはトマスの主著とされ

あとがき

る『神学大全』を一冊の書物として読み,著者が何をかたろうとしたのかを率直に味わうことを心掛けた者の素朴な感想であり,さらにこの本でトマスの知恵の探求を全体として概観することを試みた結果,あらためて確認された見解であります。トマスの知恵の探求は「キリスト信仰」(キリストはわれらの救いのために人となり給うた神であるという受肉の神秘の啓示を真理として受けいれ・肯定する信仰)から出発し,その光の下に限りなく進めるべき知的探求であった,というのが私の見解です。

この見解については,それはかりにトマスの神学については妥当すると認めた場合でも,彼が「哲学者」と呼ぶアリストテレスの影響の下に構築した哲学についてはあてはまらないのではないか,という異論が予想されます。しかし,この異論はトマス独自の哲学の基礎理論である「存在(エッセ)の形而上学」は,トマスが受肉の神秘のうちに読みとった「存在の神秘」にたいする驚嘆を始源・出発点とするもので,「キリストの存在論」と呼んでもおかしくないことの見落としに基づいています。またこの見解は,「スコラ哲学者」としてのトマス独自の寄与は,神学・哲学的総合において哲学ないし理性の自律を確立したことに存する,という事実を無視していると反論されるかもしれません。この反論に対しては,トマスは確かに感覚によって捉えられうる自然・物体的事物の領域に関しては人間理性の自律を確立したが,知恵の探求が主要的に関わる人間精神(自己)と神の認識に関しては,明示的にアウグスティヌスに従って信仰の光によって導かれる必要性を強調したことを指摘して答えにしたいと思います。

ところで,このようにトマスが知恵の探求を徹底的に遂行するにあたって,一貫して信仰の光を導きにしたことは,彼

が行った知恵の探求の普遍性を損(そこ)ない，それを彼と信仰を同じくする者の共同体だけに限定することになるのではないでしょうか。この疑問というか，危惧にたいしてはさしあたり次のようにコメントしておきたいと思います。まずトマスが導きの光とした信仰は確かに神秘中の神秘でありますが，測り尽くせぬものではあっても決して手の届かぬものではなく，むしろ限りなく親密で身近な現実であります。したがって彼がその光に導かれて行った知的探求は万人にとって可知的であると言えます。信じるか否かは自由意思によることですから，信じられた真理の普遍性をいささかも損なうものではなく，信仰の真理はそれを知解しようとする何びとをも阻(はば)みません。このことを否定するのは感覚的経験によって検証可能な言明だけが有意味で，真・偽が問題になりうる，と主張する論理実証主義者だけでしょうが，彼等は（この書物で繰り返し述べたように）自己，および自己実現の究極目的としての神に関わる知恵の探求を何らかの理由で知的探求の領域から排除した人たちです。

　もう一つ大事なことは，知恵の探求にあたって信仰の光を導きにすることは，当の信仰を共有しない人々を排除することではなく，知的探求の領域を人間理性のみによっては有効に，また十分に探求することのできない領域まで拡大し，探求を徹底的に進めるためであり，またそのことを可能にしてくれるものだ，ということです。これが本書で一番強調したかったトマスの知恵の探求の根本的特徴であります。裏から言えば，近世哲学ないし近代思想における信仰と理性の分離——経験的認識の可能な「自然」のみを実在と認めて「超自然」を知的探求から排除したこと——は信仰からの理性の解放であるよりはむしろ人間の「自我」への閉じこもりであ

あとがき

り，理性の矮小化だったのではないでしょうか。

索　引

ア　行

愛　4, 55-57, 66, 90, 92, 93, 96-98, 100, 102, 103, 105-08, 114, 124-27, 160, 169, 187
　——の讃歌　90, 114
　——の優先順位　98, 107, 108
愛徳　88-91, 97, 98, 101-03, 105, 107, 108
悪　57, 73, 103, 106, 107, 115, 117, 119, 120, 141, 144-48, 156, 166, 168, 169, 172, 173, 182, 187
遊び　178, 186
アリストテレス哲学　53, 65
在るもの　36, 40, 51-55, 57, 58, 65, 67, 69, 70, 93, 107, 178
位階的(ヒエラルキア)秩序　65
意志の自己立法　137
一人称単数　80
五つの道　41
「一」なる神　40-42
宇宙の秩序　66
うながし　134, 138, 150, 170

永遠法　167, 169
永遠の安息　130
永遠の生命　7, 47
栄光の光　126
選ばれた者　123, 125
王制　164, 165, 167, 168
恩寵　35, 97, 100-02, 124-27, 130, 152-54, 155-60, 166
　——の秩序　124, 127, 130

カ　行

快楽　25, 112, 116, 117, 177, 180
顔と顔を合せて　114
科学的方法　82
革命　52, 169
価値　22, 70, 104, 142
活動的な生　9, 126
神　4, 16, 17, 21, 22, 24, 25, 27, 31, 32, 34-36, 38-43, 45-47, 51-58, 60, 64-67, 72, 76, 80, 83, 87, 88, 93, 96, 98, 101-03, 105, 108, 114, 117, 124, 125, 127, 136, 150-52, 154, 157-59, 166, 169, 178, 182, 183
　——の像(かたどり)　64,

索　引

　　　　75
　　——の現実　74
　　——の視点（観点）の下に
　　42, 51, 158
　　——の存在論証　41
関係としての創造　53
完全な善　31, 36, 44, 113,
　　115, 119, 123, 128
観想　8, 9, 11, 12, 14, 25,
　　124–26, 179
　　——的知性　8
　　——的な生　9
貴族制　164, 165, 167
基本的人権　169
偽問題　46
逆説的　44, 140
究極的関心　36
究極目的　6, 7, 9, 11, 12,
　　21, 22, 31, 45, 87, 97, 112–
　　18, 123, 130, 131, 136–38,
　　140–42, 152, 160
究極の善　6
強制力　171
共通善　66, 95, 96, 98–103,
　　168
　　——優位の原則　99
共同博士　62
虚偽　13, 63, 64, 125
虚無　51, 55, 57, 58, 93, 147,
　　148
キリスト教社会　51
キリスト教的敬神　25
近代思想　14, 85, 86, 97,
　　142, 151, 158

クーデター　169
功徳　141, 160
区別　11–13, 41, 46, 55, 61,
　　65, 68, 81, 82, 84, 98, 116,
　　117, 124, 131, 180
経験　12, 24, 31, 46, 84, 85,
　　123, 126, 142, 150, 169
　　——と理性の名の下に
　　84
形而上学　6, 7, 14, 16, 21,
　　40, 52–54, 65, 67, 71, 81,
　　84, 85, 91, 142, 173, 178
　　——的霊魂論　84
敬神（レリギオ）　25, 81
欠如　57, 100, 145, 148, 156
権能（potestas），天使の階層
　　としての　73, 144, 164,
　　165
権力　31, 117, 167, 169
　　——欲　169
原罪　156, 157, 172
合一　76, 86, 88, 103, 105,
　　106, 108, 125, 126, 150
好意・恩寵　155
好奇心　7
ここに・いま　14, 40, 51
個人主義　104
誤謬の母　26
幸福　4–9, 11–14, 17, 18,
　　22, 31, 34, 36, 44, 47, 50,
　　64, 87, 114–120, 122–132,
　　141
　　——を追求する権利　122
　　——の追求　8, 11, 14, 31,

索　引

34, 50
高慢　26
個人の尊厳　109
個性　80, 104, 109
　——の尊重　109
国家社会的な徳　95
根元悪　57
根元的肯定　58

サ　行

最高善　6, 7, 12, 21, 22, 31, 36, 57, 64, 93, 103, 108, 116, 117, 130, 137, 138, 140-42
最高の原因　11, 16, 21, 22, 31, 34
三位一体　6, 40, 43, 55, 80, 131
自愛　89
自己
　——愛　77, 88-91, 93, 95, 97-100, 104, 105, 108, 109
　——知　77, 79, 109
　——認識　42, 53, 78-87, 91, 104
　——矛盾　44-47, 76, 97, 115, 118, 126, 158
思考労働　179
事実的存在　14, 67
自然状態　172
自然神学　40, 41
自然的愛　97
自然的認識　26, 38

自然の知恵　98
自然法　75, 169, 170
自然・本性　14, 170
自然本性的　7, 13, 14, 22, 34, 36, 37, 44-47, 93, 95-100, 102, 114, 115, 134, 137, 138, 140, 149, 152, 172
　——な愛　97
　——な傾向性　95
　——なうながし　134, 138
　——な判断　134
自然本性の境位　145
自然理性　38-41, 46, 53
実践的第一原理　75
実践的知恵　21
実践的知性　8, 9
自分本位の愛　90
自明の理　67, 104, 146
社会現象　173
社会状態　172
社会的動物　170, 171
社会哲学　102, 172
社会倫理学　98
主権　164, 165, 167
主知主義　35
至福　7, 8, 101, 103, 106, 145
思弁哲学　6
市民的徳　17
自由　57, 75, 97, 117, 118, 122, 134-42, 144-48, 151-60, 172, 176, 179, 181
　——意思　75, 97, 136, 138-41, 147, 148, 154-60
　——な能力　97, 137

195

索　引

――な判断　134, 138, 139
自律　97, 137
守護の天使　72, 74-76
受肉　40, 47, 56, 159
知られざる神　36
知られざるもの　32, 43
神愛　95, 98-100
神的啓示　40, 58, 66
神的摂理　72
神秘　40, 46, 47, 51, 52, 66, 93, 149, 159
神法　170
信仰　24, 27, 31, 32, 35, 40-42, 46, 47, 53, 54, 66, 74, 76, 84, 93, 141, 157-60, 182
　――の神秘　40, 46, 66, 93, 159
身体的本性　105, 108
人工知能　68
人定法　167
真理　23, 25, 26, 30, 58, 67, 70, 76, 81, 137, 138, 140, 144, 148, 160, 176, 177, 179-81, 184-87
親和性　92
スコラ学的方法　181
性悪説　172, 173
性善説　172, 173
政治形態　164, 165, 167, 168
政治哲学　98, 102, 169
精神の形而上学　81, 84
精神の習慣　116
聖体　184-87

生得的観念　35
摂理　24, 72, 74-76, 149, 156
善性そのもの　36, 58, 93, 103, 108
選択的欲求　140
相互愛　170
創造　35, 45, 50-58, 65-67, 75, 117, 118, 151, 169, 178
　――的因果性　53
　――の秩序　169
想像力　61
背き・不興　155, 156
「存在(そんざい)」の形而上学　52-54, 67
存在の神秘　52
存在の第一根源　51, 93, 136, 152

タ　行

第一質料　83
第二の自然本性　116
旅路　6, 7, 114, 117, 122-24, 131
旅人である人間　123
知恵あるもの（者）　6, 21, 31, 178
知恵の卓越性　16, 21
知恵の探求　3-8, 11, 12, 14, 22, 24, 30, 31, 34, 42, 45, 50-52, 54, 58, 62, 64, 67, 68, 70, 71, 80, 83, 93, 166, 167, 169, 173

索　引

知覚の束　82
知的愛　96, 97
知的な徳　11, 69
知慮　6, 16, 17, 21, 22, 169
ちから（uirtus）、天使の階層としての　21, 55, 60, 61, 68–71, 73, 76, 83, 134, 139, 140, 148, 177
地上の生　9, 11, 45, 64, 76, 114, 117, 122, 125, 126, 131
躓き　102
抵抗権　168
天使　9, 59, 60, 62–65, 70–76, 95, 97, 151, 181
　──学　71
　──的博士　62, 63
　──論的虚偽　63, 64
天上のエルサレム　103
棟梁的な徳　16
途上の状態　43
トマス存在論　57
富　31, 112, 117

ナ　行

内観　82
内的人間　81, 105, 108, 109
　──・外的人間　81, 105, 108
人間科学　81, 91
人間観　37, 104, 115, 118
人間このか弱きもの（者）　24,
人間的行為の外的根源　166
人間の恣意　169
人間本性　11, 14, 34, 44, 98, 117, 118, 154, 172, 173
熱心で精妙な探究　78

ハ　行

反功徳　141
万人の万人に対する戦い　172
秘跡　184–87
被造物　35, 38–42, 50, 52, 53, 55–57, 60, 64–67, 70, 72, 95–100, 102, 136, 137, 158
否定神学　35, 44
人は人にとって狼である　172
人は人にとって友である　170
支配・隷属関係　171
非物体的被造物　60, 67
不可知論　44, 140, 142
不条理　23, 44
普遍的な在るもの　67
古くて新しき美　114
分有　17, 101, 103, 105–08, 119, 126
平和の維持　168
弁証的三段論法　135
暴君政治　168

索　引

マ　行

道であるキリスト　47, 125, 130
未知の国　68
自らの善性の愛　56
民主制　165, 167
無限への能力　76
無私の愛　90, 102
無神論者　36
無秩序な情愛　120
名声　117
名目的定義　116
酩酊　177
目的因　21
目的のためにあるところのもの
　　144, 145

ヤ　行

友愛　4, 7, 88, 90, 101, 124
善く生きる　50, 86, 87, 122, 172
よく態勢づけられた情意
　　113, 116

ラ　行

利己主義　90, 103
利己心　90
理性と経験に従う者　85
理性の越権　46
理性のみ　31, 41, 65, 66
律法　160, 167
隣人愛　90, 105, 108
倫理的領域　130
霊的本性　105, 108, 109
論外な　141

稲垣 良典（いながき・りょうすけ）
1928 年佐賀県に生まれる。1951 年東京大学文学部哲学科卒業。九州大学文学部教授を経て，九州大学名誉教授。
〔著訳書〕『トマス・アクィナスの神学』『トマス・アクィナス哲学の研究』『習慣の哲学』『恵みの時』『抽象と直観』，トマス・アクィナス『神学大全』第 11～16, 18～20 分冊（以上，創文社），『講義・経験主義と経験』，トマス・アクィナス『在るものと本質について』（以上，知泉書館），『トマス・アクィナス倫理学の研究』（九州大学出版会），『天使論序説』（講談社），『トマス・アクィナスの共通善思想』（有斐閣），『トマス・アクィナス』（勁草書房），『信仰と理性』（第三文明社），『トマス・アクィナス「存在」の形而上学』（春秋社）。

〔トマス・アクィナスの知恵〕　　ISBN978-4-86285-210-6
2015 年 6 月 20 日　第 1 刷印刷
2015 年 6 月 25 日　第 1 刷発行

著 者　稲 垣 良 典
発行者　小 山 光 夫
製 版　ジ ャ ッ ト

発行所　〒113-0033 東京都文京区本郷1-13-2　株式会社 知泉書館
電話03(3814)6161 振替00120-6-117170
http://www.chisen.co.jp

Printed in Japan　　印刷・製本／藤原印刷